못(母)된 감상기, **나혜석**

이영미

목차
Contents

1 '모(母)된 감상기'를 반복하는 사회에서

2013년 4월 27일 『서울신문』에는 주부 우울증과 관련한 기사가 실렸다. 건강보험심사평가원에서 제출한 여성 우울증 진료비 청구 건수가 2007년 171만 9,737건에서 2011년 242만 7,211건으로 급격히 늘어났다는 도표를 제시하면서, 요즘 산전·산후 우울증으로 극단적 선택을 하는 여성들이 늘어나고 있다는 소식을 전하였다. 특히 산후 여성들이 자식들과 동반자살이라는 선택을 하는 경우가 크게 늘고 있다는 점을 우려스럽게 진단하였다.

30~40대 엄마들이 꽃 같은 어린 아들딸을 품에 안고 아파트에서 뛰어내려 목숨을 끊고 있다. 때로는 이성을 잃고 흉기로 잔혹한 행위를 서슴지 않는다. 모두 우울증을 앓고 있으면서 제때 치료받지 못했다는 공통점이 있다…(중략)…26일 전문가들에 따르면 여성들이 우울증에 걸릴 확률은 10~25%, 절반 이

상이 30대 중반에서 50대 후반에 나타난다. 산전·산후 또는 폐경기에 나타나는 호르몬 변화 때문에 발생한다. 그래서 일반 우울증과 구분해 '주부 우울증'이라고 부른다. 제때 치료받지 못하면 이 중 15%가량이 극단적인 선택을 하기도 한다. 일산백병원 정신건강의학과 이강준 과장은 "자식을 독립된 객체가 아닌 소유 개념으로 보고, 자신과 동일시하는 한국 어머니들의 특징이 자녀를 동반한 자살로 이어지게 한다"고 분석했다. '내가 죽으면 자식이 많이 힘들 것이다. 그러니까 내가 데리고 가야겠다'는 의식이 강하다는 말이다. 강남세브란스병원 정신건강의학과 김재진 교수 역시 "잘못된 모성애가 동반 자살 현상을 일으키고 있는 것"이라면서 "과거에는 하루하루 먹고살기 바빠 주부 우울증 환자가 적었지만 근래에는 많이 배운 여성들이 자녀 양육에 밀려 자아실현을 못하면서 의욕 감퇴 등의 신체적 변화를 거쳐 우울증에 빠지는 경우가 많다"고 말했다.

2013년 한국의 자화상에 비친 여성의 우울한 모습은 정확히 90년 전 1923년 1월 어느 여성의 모습과 흡사하다. 바로 나혜석이다. 나혜석이 잡지 『동명』에 「모(母)된 감상기(感想記)」를 쓰면서 느낀 우울감과 이 글을 발표하였던 때 불러일으킨 사회적 파장은 왜 많은 여성이 주부 우울증을 앓고 있고 이것이 사회적으로 문제시되는 현재 상황과 겹쳐 보이는 것일까. 나혜석은 90년 후까지도 굳건히 지속된 후손 여성들의 아픔을 미리 알고는 있었을까. 지금의 여성들은 과연 나혜석의 아픔을 기억이나 하고 있었던 것일까.

나혜석은 1923년 1월 「모(母)된 감상기」라는 '못된 감상기'를 통하여 임신에서 출산, 그리고 양육에 이르기까지 자신의 심리적 육체적 변화를 기이하고도 당당히 기술하였고, 이 도발적 글을 교양적 위선으로 은밀히 포장된 식민지 조선의 가부장 사회에 과감히 내던졌다. 이 글의 사회적 파장은 매우 컸다. 당연시되었고 묵묵히 수행해야 할 본능과 책임의 '모성'이 유치해 보일 정도로 공개적으로 떠벌려지면서 암묵적인 금기의 영역을 깨뜨렸기 때문이다.

그러나 겨우 먹여 재워놓고 누우면 약 2시간 동안은 도무지 잠이 들지 않는 것이 보통이었으나 어찌어찌해서 잠이 들 듯하게 되면 또다시 바시시 일어나서 못살게 군다. 이러한 견딜 수 없는 고통이 기(幾) 개월 간 계속되더니 심신의 피곤은 인제 극도에 달하여 정신엔 광증이 발하고 몸에는 종기가 끊일 새가 없었다. 내 눈은 항상 체 쓴 눈이었고 몸은 마치 도깨비 같아서 해골만 남았다. 그렇게 내가 전에 희망하고 소원이던 모든 것보다 오직 아침부터 저녁까지 똑 종일만, 아니 그것은 바라지 못하더라도 꼭 한 시간 만이라도 마음을 턱 놓고 잠 좀 실컷 자보았으면 당장 죽어도 원이 없을 것 같았다. 나도 전에 잠잘 시간이 족할 때는 그다지 잠에 뜻을 몰랐더니 '잠' 처럼 의미 깊은 것이 없는 줄 안다. 모든 성공, 모든 이상, 모든 공부, 모든 노력, 모든 경제, 모든 낙관의 원천은 오직 이 '잠' 이다. 숙면을 한 후는 식욕이 많고, 식욕이 있으면 많은 반찬이 무용 (無用)이요, 소화 잘 되니 건강할 것이요, 건강한 신체는 건전한 정신의 기본이다. 이와 같이 어디로 보든지 '잠' 없고는 살 수 없는 것이다. 진실로 잠은 보물이요 귀물이다. 그러한 것을 탈 취해가는 자식이 생겼다 하면 이에 더한 원수는 다시 없을 것 같았다. 그러므로 나는 '자식이란 모체(母體)의 살점을 떼어가 는 악마' 라고 정의를 발명하여 재삼 숙고하여볼 때마다 이런 걸작이 없을 듯이 생각했다. 나는 이러한 애기(哀祈)의 산문을 적어두었던 일이 있었다.

세인들의 말이
실연한 나처럼
불쌍하고 가련하고
참혹하고 불행한 자는
또 없으리라고.

아서라 말아라

호강에 겨운 말

여기 나처럼

눈이 꼭 붙고

몸이 착 붙어

어쩔 수 없을 때

눈 떠라 몸 일커라

벼락 같은 명령 받으니

네게 대한 형용사는

쓰기까지 싫어라.

잠 오는 때 잠자지 못하는 자처럼 불행 고통은 없을 터이다. 이것은 실로 이브가 선악과 따먹었다는 죄값으로 하나님의 분풀이보다 너무 참혹한 저주이다. 나는 이러한 첫 경험으로 인하여 태고부터 지금까지의 모든 모(母)가 불쌍한 줄을 알았다. 조선 여자는 말할 수 없다. 천신만고로 양육하려면 아들이 아니요, 딸이라고 구박하여 그 벌로 축첩(蓄妾)까지 한다. 이러한 야수적 멸시하에서 살아갈 때 그 설움이 어떠할까.[1]

1921년 4월 29일, 첫딸 나열이 태어났다. 출산 과정은 너무나 고통스러웠고 남편은 극도로 원망스러웠다. 특히나 아기가 태어난 후에 나혜석은 육아(育兒)로 인해 '잠'을 제대로 잘

수가 없었다.

　인간으로서 가장 기본적인 숙면을 취할 수 없으니 그 원망의 화살이 천진스런 아기에게로 돌아간 것은 어쩌면 당연한 일이다. 나혜석은 출산 후에도 자식에 대해 마음에서 우러나오는 애정을 느낄 수 없었고, 그래서 아이가 돌이 지난 후에 자신의 어머니 되기의 과정에 대해 돌아보는 글을 쓰게 되었던 것이다. 그러나 그 글은 위에서 본 내용처럼, 자식을 "모체의 살점을 떼어가는 악마"로 규정함으로써 당시 사회에 엄청난 파장을 불러일으켰다.

　나혜석은 출산과 양육의 과정을 통해 '야수적 멸시'로까지 일컫는 극단적인 상황을 체험하게 되었고, 결국 '모성'이라는 것이 사회로부터 주어진 큰 굴레라는 것을 절실히 느끼게 되었다. 출산으로 인해 느낀 점은 그동안 교육받아온, 유사 이래 여성의 본능에서 비롯된 것이라 생각된 모성이 결코 본능이 아니었다는 사실이다. 당대 여성이 받아온 순응적 교육에 정면으로 반박하는 당찬 글이었다. 그러나 90여 년 전 당시 나혜석의 줄기찬 여권적 저항의 삶을 유발한 사회적 상황에 비해 현재 여성의 삶이 그다지 나아지지 않았고, 오히려 더욱 더 소극적이고 위축되어 있는 것 같은 것은 왜일까.

　지금 한국 사회에서, 일하고자 하는, 자의식을 가진 현대 여성의 삶은 어떤 것일까. 직장생활 등 맞벌이를 하면서 동시에 육아와 가사를 완벽하게 해내야 하는 고통스러운 마음을 표현하지 못하고, 화장과 미소로 이미지 관리를 해야 한다는 강박중에 시달리는 슈퍼우먼의 모습은 아닌지. 지금, 여성의 본능이라는 모성에 대한 역사적 추앙 때문에 당연히 받아들여야 하는 기본 의무를 회의(懷疑)하며, 유리 천장의 모습을 한 단단한 벽들에 에워싸여 고민하는 그 누군가가 있다면, 100여 년 전 똑같은 고민으로 정형화된 삶과 강압적 사회조건에 감히 처음으로 도전장을 내밀었던 한 여성, 나혜석의 강건한 삶에 주목해야 할 것이다. 근 100여 년의 결코 짧지 않은 기간 동안 나아지지 않은, 일하려는 의지를 가진 여성의 삶. 한국 가부장 사회의 부당성을 고발하기 위한 몸부림, 그 원형적 삶의 기원에 대해 나혜석을 통해 살펴보고자 한다.

에미를 원망치 말고 사회 제도와 도덕과 법률과 인습을 원망하라. 네 어미는 과도기에 선각자로 그 운명의 줄에 희생된 자이었더니라. 후일 외교관이 되어 파리 오거든 네 어미의 묘를 찾아 꽃 한 송이 꽂아다오.[2]

세상의 비난과 질시에도 아랑곳하지 않고 자신을 여과 없이 드러내기를 서슴지 않았던 여자. 최초의 여성 유화 전공자로서 서양화가의 길을 당당히 걸었던 나혜석. 그녀는 화가

이자 작가로 활동하면서 동시에 어머니와 아내의 역할을 요구받았던 최초의 근대 여성 중 한 명이었다. 현대적 슈퍼우먼의 기원인 것이다.

나혜석은 문화계의 독보적 존재로서 일제 식민지기부터 긍정적으로 또는 부정적으로 끊임없이 사람들의 입에 오르내렸던 문제적 인물이었다. 여성으로서 그녀가 한국 사회에 던지는 도전장은 실질적으로는 인간으로서의 처절함을 담은 고통의 몸부림의 산물이었다. 그러나 사회에서는 그녀의 행동을 대단히 파격적이고 도발적인 이단적 타자로서 바라보았다.

당시 한국사회가 지닌 이중적 모순의 행태는 그녀가 남편의 그늘에서 벗어나 독자적인 삶을 개척하고자 했을 때, 여지없이 그 매섭고 날카로운 민낯을 드러내게 된다. 이혼 후 그녀의 삶은 화려한 시절에서 곤두박질치며 회한의 내리막길로 치달아갔다. 그녀는 인간으로 서고자 했었지만, 사회는 그녀에게 주체적 여성으로서의 온전한 삶을 허용하지 않았다. 그 맨 얼굴은 지금의 한국사회에서도 아직까지 여전히 남아있는 유효한 흔적이다. 이혼의 멍에 때문에 사회적 권익에서 소외된 많은 여성들의 삶과 매우 밀착되어 있는, 백 년이 지나도 변하지 않는 한국 사회 가부장제도의 단단한 콘크리트 속에 갇힌 파랑새의 삶에 대해, 우리는 나혜석의 치열했던 삶을 돌아보면서 위로하고, 동시에 지금 다시 그녀에게 그녀의 인생에 대해 다시 평가하는 모습을 보이고자 한다.

　자립적인 한 인간으로 당당히 서고자 했던 나혜석의 삶은 대체적으로 네 가지로 살펴볼 수 있다. 화가로서의 삶, 여인으로서의 삶, 민족운동가로서의 삶, 어머니로서의 삶이다. 이 총체적 고찰을 통해 얻을 수 있는 것은 그녀가 여성으로서 차별받지 않고 남성과 동등한, 한 인간으로 살고 싶어했었다는 점이다.

2 화가로서의 삶

나혜석은 공식적으로는 '조선 최초의 여류 서양화가'로 기록되고 있다. 그녀의 공식적인 화업은 1920년 내청각 개인전으로 출발하여 1932년까지 9차례의 조선미술전람회 출품을 거쳐 1935년 진고개 조선관 전시로 막을 내리게 된다. 이 16년간의 경력이 그녀를 근대 초기 최초의 여성 서양화가이자 최초의 여성 직업화가로 자리매김한 것이다. 그녀는 생활인으로서의 예술인이었고, 이 땅에서 서양화가의 효시였다.

그간 여성계에서는 '자유주의자의 선구'로, 미술계에서는 '미의 십자가를 쥔 여인'으로, 문학계에서는 '유명무실한 문사이며 방종으로 몰락한 여성' 혹은 '근대 여성운동의 선구자로 가부장제의 제단에 바쳐진 제물'로 묘사되어왔다.[3]

더구나 그녀의 새로운 정조관념론은 당대의 남성 누구도 받아들이기 어려울 정도로 파격이었다. 그렇다고 해서 그녀에게 부여된 근대 최초의 여류화가[4]라는 수사가 퇴색되어서는 안 된다고 생각한다.

특히 초창기의 남성 서양화가들이 자신의 활로를 제대로 확보하지 못하고 전향한 바에 비하면 나혜석은 자신의 예술을 지향하는 열정을 자랑스럽게 생각하였고, 험난한 인생 역정을 꿋꿋이 견디어나갔던 자신감에 찬 인물이었기 때문이다. 그녀가 더 이상 화가로서의 직업적 생활이 불가능하다고 여겼을 때, 또 하나의 장기인 글쓰기를 통해 원고료로 생활을 도모할 때에도 그녀는 여전히 개인적으로 그림 그리는 것을 멈추지 않았고, 사적으로 이를 팔아서 사찰에 기부금으로 내는 등 화가로서 계속 활약하기를 멈추지 않았다.

그녀의 사회적 경력은 스스로 자신의 소질을 그림이라고 느끼고 전공을 선택한 화가지망생에서 시작된다. 한국 최초의 여성 서양화가 나혜석은 1896년 4월 18일 경기도 수원군 수원면 신풍리 291번지에서 아버지 나기정과 어머니 최시의 사이에서 5남매 중 넷째, 딸로서는 둘째로 출생하였다. 기존에 나와 있던 대부분의 책들이 나혜석의 출생일을 28일이라고 기록하였지만, 이상경은 자신의 연구서에서 나혜석의 생일이 4월 18일임을 실증적 자료를 통해 밝힌 바 있다.

나혜석은 큰집의 사촌오빠인 나중석이 세운 수원 삼일여학교 제1회 졸업생 4명 중의 한 명으로 당시 나이는 14세였다. 같은 해 9월 진명여자고등보통학교에 입학하여 3년 후인 3월 28일에 최우등으로 졸업하게 되었다. 당시 발행된 『매일신보』에서는 이 소식을 대대적으로 전하면서, 그녀의 학교생활에 대해 매우 호의적으로 평가하였다.

그 내용은 "온순한 성질과 명민한 두뇌를 지니고 있으며 제반 학과를 평균하게 잘 따냈다. 특히 수학에 대한 재능은 교사를 놀라게 하며, 장구한 시간들을 한결같이 근면하여 최우등의 성적으로 졸업하게 되었으며 장래에 무한한 광명이 있으라"며 나혜석을 축복하는 것이었다. 그녀의 성적은 국어, 수학, 역사, 도화, 음악, 체육 등에서 모두 만점을 받았고 이것은 다른 학우들에 비해 매우 출중한 성적이었다.

모든 과목을 다 잘했던 나혜석은, 오빠인 나경석이 수학에 뛰어난 누이를 특히 자랑스러워했다는데, 왜 화가로서의 길을 선택했던 것일까. 그것은 그녀의 후일담에서 전공 선택의 이유를 조금이나마 짐작해 볼 수 있겠다. 1926년 5월 『동아일보』 기자와의 인터뷰에서 그녀는 그림을 그리게 된 동기를 털어놓았다.

"어려서부터 무엇을 보면 연필로 곧 그리고 싶었고 학교에서도 반에서 내가 제일 도화를 잘 그린다는 선생님의 칭찬을 받았다. 학교 뒤뜰에 있는 꽃을 그려 선생님께 드리면 무척이나 기특해하셨는데 아마 그것이 동기가 되었고, 둘째 오빠가 여학교를 마쳤을 때 미술학교를 입학시켜 주었다"고 답변한 내용이 남아 있다.

기존 연구에 따르면, 나혜석의 화풍은 동경 유학 시절 스승이었던 오카다 사부로스케, 고바야시 만고 등 일본 관학파의 영향 아래 정신적으로는 세잔, 고흐 등으로 대변되는 후기 인상파에의 지향을 보여주고 있다고 밝혀졌으며, 최근에는 여성주의적 내면풍경으로서의 나혜석 풍경화에 대한 재조명이 시도되고 있다.

나혜석은 일본에서 인상주의 화풍을 전수받은 초기 유화가로서 외광의 효과를 화폭에 담는 풍경화가로서 출발하였다. 1921년 내청각 개인전에서 발표한 유화 작품들이 어떤 것인지는 알 수 없지만, 당시 신문기사에서 350원에 팔렸다고 알린 「신춘」이라는 작품 역시 그 제목으로 보아 풍경화임을 능히 짐작할 수 있다. 풍경화는 사실상 그녀의 화가로서의 인생 전체를 관통하는 장르이기도 했다. 중간에 초상화 등을 그려주며 생활비를 벌기도 하였지만, 자연 속의 풍물을 그리는 것—나중에는 건축물로 나아가는—에서 그녀는 스스로 내재된 본능적 자유스러움을 만끽했던 것으로 보인다.

그는 벌써 와서 내 옆에 앉았었으나 나는 눈을 뜨지 못하였다. 아아! 어쩌면 그렇게 잠이 깊이 들었었는지 그가 왔을 때에는 나는 숙수(熟睡) 중이었다.

그는 좋은 음악을 내 머리맡에서 불렀었으나 나는 조금도 몰랐었다.

이렇게 귀중한 밤을 수없이 그냥 밤을 보내었구나

아아 왜 진시(趁時 : 진작) 그를 보지 못하였는가

아아 빛아! 빛아! 정화(精火)를 키어라.

언제까지든지 내 옆에 있어다오

아아 빛아! 빛아! 마찰(摩擦)을 시켜라

아무것도 모르고 자는 나를 깨운 이상에는

내게서 불이 일어나도록 뜨겁게 만들어라.

이것이 깨워준 너의 사명이오.

깨인 나의 직분이다.

아! 빛아! 내 옆에 있는 빛아!

위의 작품은 1918년 3월 『여자계』 2호에 실린 「광(光)」이라는 나혜석의 초기 시, 최초의 시이다.[5] 서정자는 이 시를 나혜석이 최초로 빛을 발견한 시라고 평가하고 있다. 나혜석의 작품이 후기인상파에 기반하여 빛이 사물에 투영되는 각도에 따라 다른 느낌과 의미를 주는 바에 상당히 심혈을 기울이는 화풍을 따르고 있었다는 것을 증명하는 최초의 문학 작품으로 이해하고 있는 것으로 생각된다.

　후기 인상파의 화가들은 자아의 표현과 예술의 본질을 잊지
아니하였다. 즉 예술의 정신을 창조적으로 개체화하려고 하였
다. 그들은 고래(古來)로 전해오는 미와 추의 무의식한 것을 알
았다. 미추를 초월하여 인정미로 만상을 응시하여 인생과 같
은 값되는 작품을 작(作)하려 하였다. 그러므로 그들은 자연의
설명이 아니오, 보고 즐겨할 취미의 것도 아니요, 인격의 표징
이오 감격이었다.[6)]

　나중에 파리에서의 생활 속에서 모델들과 화가들의 활동
을 그린 회상기에서 그녀는 후기인상파의 화풍에 상당히 경
도되어왔음을 드러내고 있는데, 이것이 이미 「광(光)」이라는
시에서 나타나고 있었던 것이다.

　빛에게 "아무것도 모르고 자는 나를 깨운 이상에는/내게
불이 일어나도록 뜨겁게 만드"라고 부르짖고 이것은 "빛의
사명이자 화가인 나의 직분이다"라고 다짐한 노래로 그가 빛
에 대하여 얼마나 절실하게 느끼고 있었는지 알 수 있게 하며
이 빛은 화자의 머리맡에 와서 좋은 음악을 불렀었다는 대목
에서 "색은 음 혹은 음조와 같다. 빛깔이 바로 음조이다"라는
후기인상파의 아포리즘을 충분히 알고 있었음을 증명해 주

기도 한다.[7]

광(光)과 색(色)의 세계! 어떻게 많은 신비와 뛰는 생명이 거기기만이 있지 않습니까? 갑갑한 것이 거기서 시원해지고, 침침하던 것이 거기서 환하여지고, 고달프던 것이 거기서 기운을 얻고 아프고 쓰리던 것이 거기서 위로와 평안을 받고, 내 맘껏 내 솜씨껏 내 정신과 내 계획과 내 희망을 형(形)과 선(線)의 상(上)에 굳세게 나타내는 미술의 세계를 바라보고서 우리의 눈이 띄어지지 않습니까? 우리의 심장이 벌떡거려지지 않습니까? 더구나 오늘날 우리에게야 이 미(美)의 세계를 내놓고 또 무슨 창조의 만족이 있습니까? 법열(法悅)의 창일(漲溢)이 있습니까?

더구나, 무거운 전통과 겹겹의 구속을 한꺼번에 다 끊고 독특하고도 위대한 우리의 잠재력을 활발히 발동시켜서 경이(驚異)와 개탄과 공축(恐縮)의 대박(大迫)[을] 만인에게 끼얹을 방면이 미술의 세계 밖에 또 무슨 터전이 있다고 생각하십니까?[8]

위의 인용문은 1933년 나혜석이 여자미술학사를 세워 후학을 양성하고자 하였을 때 학사 설립을 알리면서 돌린 취의서이다. 여기에서도 그녀는 광과 색의 세계를 강조하고 있었다. '기운과 위로와 평안'이 '광과 색의 세계'에 있고 자신이 오직 그러한 그림 속에서만이 평화를 찾고 있음을 보여준다.

'광과 색의 세계'를 지향한 화가로서 활동한 나혜석의 공식적인 활동시기는 대체적으로 조선미술대전 출품 시기와 일치한다. 나혜석은 1918년 3월 여자미술학교를 졸업하자마자 귀국했고, 다음 해에는 3·1독립운동에 참가해 옥고를 치루었고, 이어 1920년에는 김우영과 신식결혼을 하였다. 1921년에는 유화개인전을 서울에서 최초로 개최하면서 당시 여론의 엄청난 주목을 받았었다.

이어 1922년 조선미술대전이 창설되자마자 출품을 시작하였던 것이다. 그녀의 한층 성숙해진 화풍이 집약적으로 표현되고 인정받기 시작한 시기가 바로 조선미술대전 개최 시작 시기와 맞물리고 있었던 것은 개인적으로는 상당한 행운이기도 하지만, 당시 그녀가 얻게 된 사회적 명성은 서양의 유화 장르 등 근대 미술의 역동성이 반영된 문화장의 영토 확장이 시대적 문제로 대두되기 시작한 당대의 분위기에 편승된 것이기도 하다.

제1회(1922) 「봄」(입선), 「농가」(입선)

제2회(1923) 「봉황산(鳳凰山)」(입선), 「봉황성(鳳凰城)의 남문」(4등 입상)

제3회(1924) 「가을의 정원」(4등 입상), 「초하(初夏)의 오전」(입선)

제4회(1925) 「낭랑묘(娘娘廟)」(3등 입상)

제5회(1926) 「중국촌(원제/지나정(支那町)」(입선), 「천후궁(天后宮)」(특선)

제6회(1927) 「봄의 오후」(무감사입선)

제9회(1930) 「아이들」(입선), 「화가촌」(입선)

제10회(1931) 「정원」(특선, 제12회 일본제전 입선), 「작약(芍藥)」(입선), 「나부」(입선)

제11회(1932) 「소녀」(무감사입선), 「창가에서」(무감사입선), 「금강산 만상정(萬相亭)」(무감사 입선)

위의 내용은 그녀의 조선미술전람회 출품작 목록과 수상 내역이다. 1922년 그녀가 27세 되던 해, 조선총독부는 연례공모전인 조선미술전람회를 개최하기로 한다. 선전, 이 첫 전람회가 6월 1일부터 21일까지 열렸는데, 이때 나혜석은 출품한 「봄」와 「농가」가 입선하는 등 큰 성과를 거두며 화가로서 자신의 명성을 크게 떨치기 시작하였던 것이다. 「봄」은 미루나무가 있는 농촌마을의 평화로운 풍경을 배경으로 빨래하는 여성을 화면 앞에 내세우고 있고, 「농가」는 집 마당에서 추수하는 농민 부부를 묘사한 그림이다.

이미 1920년 9월, 최초의 노동운동단체인 조선노동공제회의 기관지인 『공제(公濟)』창간호에 발표한 판화인 「조조(早

朝)」를, 1921년 7월 『개벽』잡지에 판화인 「개척자」[9]를 발표한 것과 관련지어보면, 당시 그녀가 민중예술, 즉 농민의 삶의 역동성에 상당한 의미를 둔 것으로 생각된다. 「조조」는 동이 터오는 아침에 들판으로 일하러 나가는 시골 농부의 모습을 그린 것으로 그 힘찬 발걸음이 투박하고 거친 필치 속에서도 선명하게 드러나고 있으며, 「개척자」는 새벽에 곡괭이질을 하며 일하는 사람의 뒷모습을 묘사하는 그림이었다.

아울러 이보다 먼저 나혜석은 1919년 1월 21일에서 2월 7일, 『매일신보』에 「섣달대목」이라는 주제로 4회, 「초하룻 날」이라는 주제로 5회 등 모두 9점의 만평을 연재하기도 하였다. 여성의 섣달 가사노동을 주제로 하여 만평 형식의 그림과 짧은 글을 첨부한, 당시로써는 매우 독특한 작품을 내놓았다. 여성의 시각으로 그려낸 연말연시의 풍속이라는 점에서 최초의 페미니스트 만평으로 평가되기도 하는, 귀국 후 나혜석 자신을 대중에게 알리는 첫 번째 공식적인 활동의 결과였다. 이러한 내용을 고찰해보면, 나혜석은 자신의 일상과 관련이 있는 곳에서 항상 그림의 소재를 찾아 나아갔던 것으로 보인다.

예를 들면, 1923년 제2회 조선미술전람회에서 4등과 입선을 한 작품, 「봉황성의 남문」과 「봉황산」을 살펴보자. 전자는 중국의 고성(固城)을 사실적으로 묘사한 견고한 구도의 작

봉황성의 남문

품이고, 후자는 화면을 수평으로 양분하여 산줄기와 벌판을
하늘과 땅에 나란히 형상화한 작품이다. 이때 나혜석은 만주
안둥현(현재 단둥)에 살고 있을 때였다. 나혜석은 1921년 9월,
남편 김우영이 외무성 외교관으로서 부영사로 부임하였기에
같이 이사 와서 생활하고 있던 때였다.

　봉황산과 봉황산성은 나혜석이 살던 단둥에서 57km나 떨
어져 있던 곳으로, 그 산세가 험하기로 이름난 명승이었다.
이곳은 랴오닝 성 4대 명산 중의 하나로, 태평 시절인 순임금
때 이 산에서 봉황이 나타난 이래로 '명군이 나타날 때마다

봉황산

봉황이 나타난다'고 전한다. 오녀산성(五女山城) 등 고구려 국
내성(國內城) 유적과 근접한 지역에 자리 잡은 곳으로, 나혜석
이 당시 방문하여 조선과의 역사적 친연성을 상상하면서 그
렸을 것으로 생각된다.

　1925년 제4회 조선미술전람회에 출품하여 3등으로 입상한
「낭랑묘」도 고궁화이다. 전보다 세밀한 터치에 명암 대비도
뚜렷해졌으며 변화 있고 복잡한 면 구성으로 건축미를 살렸
다. 1926년 제5회 조선미전에도 나혜석은 고궁을 그린 「천후

천후궁

궁」이 특선하여 다시 한 번 화제가 되었다.

　정문인 원형문을 근경으로, 중문을 중경으로, 천후궁 본전을 원경으로 삼아 탄탄한 구성미를 보이며, 부드러운 마티에르 덕분에 정적인 분위기를 창출하고 있다. 천후궁을 오가면서 지나게 되는 '지나가'를 스케치한 것이 「천후궁」과 함께 출품한 「지나정」이다.

　붉고 푸른 술집 명패가 길가에 주렁주렁 매달린 것이 전형적인 중국거리 풍경인데, 「천후궁」과는 달리 복잡한 구도에 초점이 흐려져 전체적으로 다소 혼돈스러운 면이 있다. 나혜

지나정

석은 「낭랑묘」나 「천후궁」에 이르러 몽롱한 일본식 화풍을
벗어나 다소 자신의 양식을 구사하고 있는 듯이 보이지만 잇
따른 여행으로 산만해진 탓인지 두드러진 변화를 찾기는 어
렵다.

　나혜석 자신도 「미전 출품 제작 중에」라는 글에서 "선생님
들로부터 후기인상파, 자연파 영향을 받아 형체와 색채와 광
선만 중시하였기 때문에 개성이 부족하고 예술성이 박약하
다"고 고백하고 있듯이, 그녀는 일본의 남성 스승들로부터,
화법, 양식을 전수받아 동시대 남성작가들과 구별되지 않는

인상파 풍경화가가 된 것이다.

그러나 그녀 자신이 일본적 양식의 수용에 대해 무비판적이었던 것만은 아닌 듯싶다. 1924년 「1년 만에 본 경성의 잡감」(『개벽』, 1924. 7)에서 나혜석은 묘법이나 용구에 대한 선택뿐 아니라 향토, 국민성을 통한 개성의 표현이 서양과 다른 조선 특유의 표현력을 가져야 한다고 주장하였고, 1933년 「미전의 인상」(『매일신보』, 1933. 5. 16)에서는 조선미전 출품작들이 대부분 기술과 형식에만 치중하고 있다고 한탄하면서 그러한 작품은 감흥을 고갈하게 한다고 경고하기도 한다.

그녀는 대상력과 조형과 미학에 관심을 기울이면서도 아카데미즘 정형에 구속되는 관료미술이 창작의 적극성을 상실케 한다는 견지에서 기술적 지상주의를 부정하는 등, 반형식주의적 의지를 표명하였다.[10]

그리하여 우리는 벌써 서양류의 그림을 흉내 낼 때가 아니요, 다만 서양의 화구와 필을 사용하고 서양의 화포를 사용하므로 우리는 이미 그 묘법(描法)이라든지 용구(用具)에 대한 선택이 있는 동시에, 향토라든지 국민성을 통한 개성의 표현은 순연한 서양의 풍과 반드시 달라야 할 조선 특수의 표현력을 가지지 않으면 아니 될 것이다.[11]

그녀의 자주적 비판은 화단의 경향뿐 아니라 민족적 색채에까지 범위를 넓히고 있으며 동시에 자신의 그림에 대한 끊임없는 성찰의 시간도 함께 하고 있었다. 그녀가 1926년 5월과 6월, 제5회 조선미전에서 특선을 한 후 그 작품 제작 과정을 신문지상에 공표한 것에 대해 미술평론가 김복진이 상당히 맹렬한 비난의 화살을 퍼부었던 사건이 자아 성찰의 본격적인 시작점이 된 듯하다. 그와의 논쟁으로 나혜석은 더욱 자신의 미술세계가 어떠한 알 수 없는 답보상태로 빠지는, 즉 벽에 부딪히고 있다는 느낌을 지울 수가 없었다.

즉 나는 학교시대부터 교수 받는 선생님으로부터 받은 영향상 후기 인상파적, 자연파적 경향이 많다. 그러므로 형체와 색채와 광선에만 너무 주요시하게 되고 우리가 절실히 요구하는 개인성, 즉 순 예술적 기분이 박약하다. 그리하여 나의 그림은 기교에만 조금씩 진보될 뿐이요, 아무 정신적 진보가 없는 것 같은 것이 자기 자신을 미워할 만치 견딜 수 없이 괴로운 것이다. (…중략…)

이와 같이 누군가 시키는 일이나 하는 것같이 퉁명스럽게 그림 그리는 일을 그만두리라 하고 단념을 해보기도 하고 이 이상 진보치 못할까? 아니 못하리라 하고 무재무능(無才無能)을 긍정하여 절망도 하였다. 그러하다가도 무슨 실낱같은 인연줄

이 끄는데 당기면 깜짝 놀라서 '내가 그림 없이 어찌 살라구'
하는 생각이 난다. 과연 내 생활 중에서 그림을 제해 놓으면 실
로 살풍경이다. 사랑에 목마를 때 정을 느낄 수도 있고, 친구가
그리울 때 말벗도 되고, 귀찮을 때 즐거움도 되고, 괴로울 때
위안이 되는 것은 오직 이 그림이다. 내가 그림이요, 그림이 내
가 되어, 그림과 나를 따로따로 생각할 수 없는 경우에 있는 것
이다.[12]

자신의 무재무능을 탓하면서도 다시금 미술로 돌아올 수
밖에 없는 인연을 느끼던 나혜석은 이 미전 출품 때 아이의
홍역으로 고충을 겪었고, 자신은 자궁병이 있어 참으로 힘들
게 제작하였다는 고충을 토로하는데, '여성'의 자궁병을 핑
계로 작품의 수준이 낮음을 덮으려 한다는 김복진의 비난을
받으니, 더욱 좌절할 수밖에 없었던 것이다. 그래서 그녀는
남편 김우영과의 부부동반 유럽여행을 더욱 흔쾌히 자신의
미술 발전의 계기로 삼으려 했던 것 같다.
윤범모는 조선미술대전 출품작에 의거하여 그녀의 활동상
의 시대구분을 시도한 바 있었다.

◆ 농촌실경 시기(1922~1923) ; 농촌을 무대로 일하는 사람 특
히 일하는 여성에게 초점을 맞추어 여성의식을 제고시켰다.

◆ 건축물풍경 시기(1924~1926) ; 만주의 고건축 혹은 서양식 건축에 초점을 맞추어 화면구성의 안정감을 기도, 다만 곡선과 직선의 대비효과 등을 고려했으나 인물의 제거 등 삶의 현장이 약화되었다.

◆ 세계일주 여행 시기(1927~1929) ; 불출품

◆ 다양한 소재의 재차 모색기(1930~1932) ; 인물·건축·정물·풍경 등 다양한 소재를 선택했으나 형상력에서 탁월한 면모를 보여주지 못하고 계속 방황을 한 재차 모색기이다. 이혼 등 개인적 어려움에 기인한 탓이다.

◆ 조선미전 외면 시기(1933년 이후)[13]

윤범모는 조선미전 출품작의 경우, 시대가 뒤로 갈수록 작품 수준이 향상되었다고 주장할 수 없다 하였다. 특히 유럽여행 이후 1930년대 초의 그림이 오히려 완성도라든가 구성의 미가 떨어진다는 느낌을 준다고 설명하고 있다.

물론 위에서 살펴본 것처럼 작가 자신도 이러한 퇴보를 염려한 바 있었는데, 마지막 출품작인 「금강산 만상정」(1932)이 보여주는 안일한 화면구성과 밀도의 결여, 그리고 엉성한 묘사력에서, 이미 중심을 잃은 작가의 내면세계가 읽히고 있었던 것이다.

그것은 유럽여행이 결코 그녀에게 좋은 결과를 가져다주

금강산 만상정

지 않았기 때문으로 보인다. 이 유럽여행이 그녀를 절망의 나락으로 빠뜨린 결정적 동인이 된 것은 이미 널리 알려져 있다. 줄곧 자신의 생활의 영역 속에서 소재를 찾아 그림을 그리고 있었던 나혜석은 파리에서 수업을 받으면서 야수파의 성향을 배우게 되고 또 유럽 전역을 여행하고 나서 유럽의 풍물을 그리는 데 빠지게 되었지만 그것이 그녀의 삶에 긍정적인 결과를 가져다주지 못한 것은 최린과의 연애 사건, 뒤이은 남편과의 이혼으로 인한 정신적 물질적 고통이 수반되었기 때문이다. 실로 그림에 전력투구할 만한 여건이 되지 못한 것이다. 결국, 그녀가 예술적으로 높은 수준으로 도약하려 했던 의지를 꺾은 것은 그녀를 거칠게 내몰았던, 끊임없이 불안정한 주변 환경이었다. 사회가 요구하던 일반적 여성의 삶이 그녀에게는 엄청난 압박의 감옥이었던 것이다.

물론 그녀는 유럽여행 당시 파리에서의 풍물을 그린 것으로 특선을 받고 스케치해 온 것을 다시 채색하면서 화풍에 이국적인 활력을 주기도 했었다. 이것으로 이혼 후에도 잠깐이기는 했지만, 생활인으로서 자신이 자립할 수 있는 가능성을 느끼고 매우 기뻐했다.

나혜석이 귀국하여 수원에 있는 불교 포교당에서 발표한 외국의 풍경화에서 나타난 것은, 파리 수학 이후 그녀의 그림이 전체적으로 밝아진 색채에다가 넓은 붓질로 화면이 평평

정원

해지면서 후기 인상파 내지 야수파의 영향을 드러내 보이고 있었다는 점이다. 나혜석은 이혼 후, 1931년 제10회 조선미술전람회에 「정원」, 「작약」, 「나부」를 출품하였는데 이 가운데 「정원」이 특선을 할 때 기여한 경향이라고 할 수 있다.

「정원」은 2천 년 된 파리의 크루니 궁전을 그린 것으로서, 엄밀히 말해 궁전 자체가 아니라 아치형의 입구를 클로즈업

해 그린 건축 부분도이다. 파리에서 익힌 야수파적 인상주의 화법 대신에 다시 관학파적 경향을 구축하려는 의도가 강하게 드러나고 있다고 평가되기도 한다. 중요한 것은 이 특선이 당시 절망에 빠져있던 나혜석에게 큰 힘을 주는 동기가 되었다는 점이다. 직업화가로서 살아나갈 수 있는, 당당한 생활인으로 살 수 있을 것 같은 희망을 그녀에게 주었다.

이처럼 한시도 쉬지 않고 그림을 그렸던 화가로서의 나혜석. "한 집 살림살이를 민첩하게 해놓고 남은 시간을 이용하는 것을 반대할 사람은 없을 것이외다. 나는 결코 가사를 범연히 하고 그림을 그려온 일은 없었습니다. 내 몸에 비단옷을 입어본 일이 없었고 1분이라도 놀아본 일이 없었습니다. 그러므로 내게 제일 귀중한 것이 돈과 시간이었습니다"라고 후일 「이혼고백장(離婚告白狀)」에서 회고할 정도로, 나혜석은 일분일초를 아껴가며 자신의 삶을 철저히 완벽하게 꾸미려 했던 여성이었다.

"지금 생각건대 내게서 가정의 행복을 가져간 자는 내 예술이 아닌가 싶습니다." 그러나 이 예술이 없고는 감정을 행복하게 해줄 아무것도 없었던 그녀는 자신의 놓인 처지에서 최선을 다해 치열하게 살았으나, 그리고 모든 것을 다 완벽히 소유하고 싶었으나, 결국 모든 것을 소유하지 못했던 삶이 되어버리고 말았다. 절정에서 나락으로 떨어진 삶, 파리로의 여행이 화근이었다.

1927년 6월 19일, 만주에서 외교관으로서 재직한 남편에 대한 조선총독부의 배려로 나혜석은 남편 김우영과 함께 부부동반 유럽여행을 떠나게 되었다. 오전 11시 부산역에서 출발하여 만주, 모스크바를 경유하여 7월 19일 파리에 도착했다. 이때 유학생 이종우·안재학 등이 출영을 나왔었다.

파리에는 있었던 10여 명의 유학생은 1927년 10월, 이종우의 방에서 최린의 환영식을 가졌다. 최린은 3·1 운동 당시 민족대표 33인 중 한 명으로 독립선언서에 서명하여 3년 동안 옥고를 치렀고, 출옥 후 천도교의 교세확장에 힘을 쏟아 도령(道領), 대도정(大道正) 등을 지냈고 1926년부터 1928년까지 미국, 유럽 등 30여 개국을 유람하는 중이었다. 그 환영회에 나혜석도 참석해 김치를 담가주면서 유학생들에게 고국의 맛을 선사하였고, 최린은 나혜석을 여중호걸이라고 극구 칭찬해 마지않았다. 나혜석은 최린과의 만남을 이렇게 썼다.

C(최린을 가리킴)의 명성은 일찍부터 들었으나 초대면하기는 파리이었사외다. 그를 대접하려고 요리를 하고 있는 나에게 "안녕합쇼" 하는 초(初) 인사는 유심히도 힘이 있는 말이었사외다. 이래 부군은 독일로 가서 있고, C와 나는 불어를 모르는 관계상 통변(通辯: 통역)을 두고 언제든지 3인이 동반하여 식당,

극장, 선유(船遊), 시외 구경을 다니며 놀았사외다. 그리하여 과거지사(過去之事), 현 시사(現 時事), 장래지사(將來之事)를 논하는 중에 공명되는 점이 많았고 서로 이해하게 되었사외다.[14)]

나혜석이 평소 김우영에 대해 선량한 남편이지만 취미가 없는 것이 결점이라고 말하였는데, 이에 비해 최린은 정치가로서 웅변술이 뛰어나고 동양철학, 서양근대사 등에도 박식하며 한시도 잘 짓고 서화에도 취미를 가져 전람회에 출품할 정도였고, 활도 잘 쏘고 가야금 공부도 하고 바둑도 잘 두는 등 매우 다양한 취미를 가진 호걸 스타일이었다.

특별히 매력이 없었던 남편에 비해 최린은 풍류를 아는 매우 뛰어난 인텔리였기에 나혜석은 그와 이야기를 나누며 공명하고 사랑에 빠지게 되었다. 최린과 나혜석은 통역 담당이었던 공진항을 제쳐두고 둘이서 파리를 다니면서 그 해 11월 20일에는 셀렉트호텔에서 육체관계를 가지게 되었고 급기야 파리에는 나혜석이 최린의 작은댁이라는 소문까지 돌게 되었다.

나혜석은 당시 8월부터 로저 비시에르가 지도하는 아카데미 랑송에 8개월간 다니면서 화업을 연마하는 시간을 가졌다고 한다. 비시에르는 야수파와 입체파의 경향으로 인물화와 풍경화에 주력한 화가로서 살롱도톤과 앙데팡당 등 살롱전 중심으로 활약했다. 나혜석은 파리에 온 화가라면 적어도 4, 5년은 가져야 자기의 화풍을 만들 수 있다고 생각하고 1928년 파리 유학을 온 백남순과 같이 남겠다고 남편에게 요청하지만 남편은 이를 거부한다. 기존의 연구에서 나타나지는 않았지만, 이미 김우영이 그녀의 연애 사건을 알고 있었던 것으로 보이며 그녀의 그림 공부가 최린과 함께 하려는 것으로 생각했던 것 같다. 새로운 연애 감정에 빠진 나혜석이 파리에 남기 위해 백남순을 내세웠던 것으로 생각된다.

최린과 나혜석이 다시 독일 쾰른에서 마주쳤을 때 그들은 이런 이야기를 나누었다.

"나는 공(公)을 사랑합니다. 그러나 내 남편과 이혼은 아니하렵니다."

그는 내 등을 뚝뚝 뚜드리며,

"과연 당신의 할 말이오, 나는 그 말에 만족하오."

하였사외다.[15]

그러나 예술을 논할 애인을 잃은 허전함이 있었다. 막역한 지우였던 조선일보 여기자인 최은희에게 발칸 해변에서 보낸 그림엽서에는 "동생은 이 그림의 절경을 보라. 여름 하늘의 흰 구름처럼 뭉게뭉게 피어오르는 그 신비감에 마음을 적실 애인이 그대에게는 있는가?'라고 씌어 있었다. 최은희는 '나는 없노라' 하는 듯 허전한 마음을 내비치는 그녀의 수사에 대해 예술 극치의 혼을 합하는 부부가 되지 못하고 있기에 결혼생활의 실패를 불러일으킨 것이라고 나혜석의 삶을 해석하고 있다.

유럽에서 미국으로 갔다가 다시 부산으로 돌아온 후, 김우영은 이미 나혜석의 연애 사건에 대한 소문을 듣고 그녀에게 최린과 절대로 다시는 연락하지 말 것을 요구했다고 한다. 그러나 남편 김우영과 떨어져 시댁에서 시집살이를 하면서 아이들을 키우고 또 새로운 아이를 임신한 상황에서 수원에서 귀국전시회를 여는 등 개인적으로 너무나 힘들고 벅찬 환경에서 나혜석은 다시 최린에게 조언을 구하고자 연락을 하고 만다. 이것이 다른 사람의 말을 통해 김우영의 귀에 들어갔다. 이로 인해 김우영은 결국 나혜석에게 이혼을 재촉하게 된다.

그러나 당시 김우영은 변호사 개업 준비 때문에 경성에서 살고 있었고 기생 신정숙과 동거 중이었다. 처음에 김우영과 결혼을 할 때, 나혜석은 재취 자리로 시집을 간 것이었다. 그 남편은 기생과 동거를 하면서도 아내의 연애는 용납하지 않았다. 이 상황에 대해 그녀는 어떻게 판단해야 했을까. 평등하지 못한 부부관계라고 생각하지 않았을까.

그녀가 더욱 여권에 깊이 관심을 갖고 지속적으로 가부장적 사회의 여론매체에 이러한 상황을 강경하게 문제제기하고 노출한 것은 그녀의 삶이 한국 여성의 향후의 삶에 상당한 대표성을 이미 갖고 있었기 때문이고 나혜석 또한 이를 스스로 크게 자각하고 있었기 때문이라 생각된다. 남편의 여성편력은 그 동인 중의 하나였을 것이다.

3 작가, 그리고 여권론자로서의 삶

1920년대 대표적인 신여성으로서 여성해방과 새로운 정조 관념을 끊임없이 주장한 논객 김명순·김일엽·나혜석은 기득권을 가진 당시의 남성들에게 매우 위협적인 '위험한 여성들'이었다. 따라서 이들이 1930년대에 공통적으로 겪게 되는 좌절은 어쩌면 당연한 수순이었다. 여성들은 남성과 같이 교육받았으면서도 결혼 전에는 남성의 연애 감정을 불러일으키는 존재로, 결혼 후에는 아이를 잘 키워내고 가정을 지키는 존재로 규정되어, 곧이곧대로 남녀평등을 주장했던 신여성들이 벌을 받았던 것은 어찌 보면 당연한 일인지도 모른다.[16)]

근대 여성론의 주창자, 대표적 선각자로서 나혜석은 일본 유학 시절부터 근대적인 여권론에 상당한 관심을 가지게 되었다. 1914년 12월, 동경에 있는 한국인 유학생들의 동인지인 『학지광』[17)] 3호에 「이상적 부인」을 발표했다. 스웨덴의 여성 사상가인 엘렌 케이(Ellen Key)의 영향이 당대를 풍미했을 때,

그녀 역시 이 사상적 수혜의 대열에 적극 동참하게 되었던 것을 이해하게 되는 단서가 된다. 나혜석은 혁신으로 이상을 삼은 가추샤, 이기로 이상을 삼은 막다, 진정한 연애를 이상으로 삼은 노라 부인, 종교적 평등주의로 이상을 삼은 스토우 부인, 천재성을 이상으로 삼은 라이쵸 부인, 원만한 가정의 이상을 가진 요사노 여사 등을 자신이 숭배하는 이상적 부인으로 들었다.

일본 첫 여성 문예동인지인 『세이토』 등을 통하여 여성운동, 여권에 대한 본격적인 관심을 나타낸 나혜석은 이를 고양하기 위한 대중적 성격의 문학작품, 즉 최초의 여성작가의 소설인 단편 「경희」를 1918년 3월 『여자계』2호에 발표하게 된다.

『여자계』는 여자일본유학생들의 단체인 동경여자유학생 친목회와 조선여자유학생학홍회의 기관지이다. 1917년 봄에 창간호를 내고, 1918년 3월 제2호부터 여자유학생 단체의 기관지가 되었다가 1921년 7월 제7호로 종간되었다.

『여자계』는 처음에는 숭의여학교 출신 여자유학생의 간단한 소식지 형태로 나왔다가 유학생뿐만 아니라 조선 본국의 여성들도 참여하게 되었다. 전영택·이광수가 고문으로 추대되었고, 편집부장은 황애시덕(황에스더), 편집부원은 허영숙·나혜석 등이었다. 1920년 1월부터는 조선여자유학생학홍회로 개칭과 동시에 여성대중에 대한 계몽운동에 좀 더 집중하였다. 이때부터 남자유학생들에게서 벗어나 『여자계』를 독립경영한 점이 주목된다. 『여자계』의 발간은 무엇보다 여자유학생들이 여성으로서 자각을 가지고 자신의 의견을 집단적으로 드러낼 수 있는 공간을 확보한 점에서 역사적 의미가 매우 크다. 발간 초기에는 남성지식인들의 논의를 중심으로 여성교육의 필요성과 현모양처로서의 여성의 역할에 대한 계몽적 주장들이 주로 게재되었었다. 남성지식인들이 논설문을 통해 그들의 논리를 전개하였다면, 여자유학생들은 모성론·육아법 등을 서술하거나 시·소설 등 문학작품을 싣는 수준이었다. 그러나 편집·경영을 전담하는 제4호부터는 사회문제·여성문제를 바라보는 여자유학생 자신들의 다양한 시각이 한층 풍부하게 담겨지게 되었다. 이는 3·1 운동 이후 식민지 조선과 조선여성의 현실에 관한 논의, 여성지식인으로서 자신들이 가지는 민족적 책임과 의지 및 각오, 새로운 남녀관계 설정의 필요성에 대한 인권적 주창, 여성노동에 대한 깊이 있는 관심 등으로 나타났다. 따라서, 『여자계』는 한국 근대 여성들의 자발적 자의식의 성장 가능성에 바탕을 둔 최초의 여성잡지라는 평가를 받고 있다.

나혜석은 이러한 『여자계』의 창간에 막중한 역할을 감당하였고, 민족의식과 여성의식을 전 조선의 여성들에게 일깨

우기 위한 열정을 강하게 내보이게 되는데, 그 대표적이고도 최초의 실질적 재현작품이 바로 제2호에 실린 「경희」였던 것이다.[18] 소설 「경희」는 나혜석의 대표적인 소설인 동시에 한국근대문학사 초창기에 여성의 결혼 권리, 즉 결혼의 자기결정권에 대하여 최초로 문제제기한 의미 있는 역작이다.

그녀의 자전적인 소설로서 남성 중심적인 가치관의 온존과 이를 공고히 하는 사회제도를 통렬히 비판하는 작품으로, 향후 그녀의 여성운동가로서의 입지를 보다 명확히 전개하는 동력으로 작용하게 된다.

경희도 사람이다. 그 다음에는 여자다. 그러면 여자라는 것보다 먼저 사람이다. 조선 사회의 여자보다 먼저 우주 안 전 인류의 여성이다. 이 철원 김 부인의 딸보다 먼저 하나님의 딸이다. 하여튼 두말할 것 없이 사람의 형상이다. 그 형상은 잠간 들쓰운 가죽뿐 아니라 내장의 구조도 확실히 금수가 아니라 사람이다.

오냐, 사람이다.[19]

이 소설은 경희라는 신여성이 봉건적인 인습에 맞서서 강한 투쟁을 벌이는 과정을 경쾌하게 묘사했다. 가부장 사회의 남성뿐만 아니라 구여성들까지도 봉건적인 인습 속에 놓여 있는 상황에서 적들을 물리치고 그들을 설득시키려는 신여성의 애환을 그리고 있는 것이다.

그런데 이번 경희의 소제(掃除) 방법은 전과는 전혀 다르다. 전에 경희의 소제 방법은 기계적이었다. 동쪽에 놓았던 제기며 서쪽 벽에 걸린 표주박을 쓸고 문질러서는 그 놓았던 자리에 그대로 놓을 줄만 알았다. 그러나 이번 소제방법은 다르다. 건조적(建造的)이며 응용적이다. 가정학에서 배운 질서, 위생학에서 배운 정리, 또 도화(圖畵) 시간에 배운 색과 색의 조화, 음악 시간에 배운 장단의 음률을 이용하여, 지금까지의 위치를 전혀 뜯어고치게 된다. 자기(磁器)를 도기(陶器) 옆에다도 놓아보고 칠첩반상을 칠기(漆器)에도 담아본다. 주발 밑에는 주발보다 큰 사발을 받쳐도 본다. 흰 은쟁반 위로 노르스름한 전골 방아치도 늘어 본다. 큰 항아리 다음에는 병(甁)을 놓는다. 그리고 전에는 컴컴한 다락 속에서 먼지 냄새에 눈쌀도 찌푸렸을 뿐 아니라 종일 땀을 흘리고 소제하는 것은 가족에게 들을 칭찬의 보수를 받으려 함이었다. 그러나 이번에는 이것도 다르다.[20]

일본 유학생 경희가 유학공부를 통해 얻은 것은 일하는 즐거움이요, 자신을 둘러싼 환경, 일에 대한 강한 자의식을 느끼게 된 것이었다. 그래서 이 소설의 대표적인 장면이라 알려진 결혼문제를 놓고 경희가 아버지에게 대드는 부분은 이러한 '공부하는 신여성'의 근대적 자존감의 표현이라 할 수 있다.

경희의 아버지는 계집애라는 것이 시집가서 아들딸 낳고 시부모 섬기고 남편을 공경하면 그만이라며 전통적인 관습에 따른 여성의 역할을 강조했다. 아버지는 "그리로 시집가면 좋은 옷에 생전 배불리 먹다 죽지 않겠니?" 하였는데, 경희는 평생 무서워 벌벌 떨던 아버지 앞에서 그때 처음으로 강하게 자기주장을 하게 된다.

> "아버지 안자(顔子)의 말씀에도 일단사(一簞食)와 일표음(一瓢飮)에 낙역재기중(樂亦在其中)이라는 말씀이 없습니까? 먹고만 살다 죽으면 그것은 사람이 아니라 금수(禽獸)이지요. 보리밥이라도 제 노력으로 제 밥을 제가 먹는 것이 사람인 줄 압니다. 조상이 벌어놓은 밥 그것을 그대로 받은 남편의 그 밥을 또 그대로 얻어먹고 있는 것은 우리 집 개나 일반이지요" 하였다. 그렇다. 먹고 죽으면 그것은 하등동물이다.[21]

하등동물을 면하기 위해 여자도 일을 해야 한다는 논리가 나혜석이 평생을 일관되게 그림을 그린 이유였다. 실제, 이

소설은 널리 알려져 있듯 그녀의 개인적인 삶과 상당히 밀접한 관련이 있다. 나혜석이 동경에 있는 미술학교를 중간에 1년 휴학하였던 것은 아버지의 결혼 강요에 의한 강제적 귀국 때문이다. 일본 유학을 떠나기 전에도 아버지는 나혜석에게 결혼할 것을 강요했었다. 동생 지석[22]의 경우 삼일여자고등보통학교를 졸업한 후 언니보다 먼저 평남 정주군 부호 김창곤과 결혼하였다. 동생의 결혼보다 늦어지는 혜석의 존재는 부모에게든 형제들에게든 상당히 부담스러웠던 것으로 보인다.

그러나 나혜석은 이미 유부남인 최승구[23]와 열렬한 연애를 하였고, 최승구가 죽은 후에는 가정이 있었던 이광수와 연애를 하였으나 오빠 나경석의 격렬한 반대로 뜻을 이루지 못하고, 사별한 후 딸을 둔 나경석의 친구 김우영과 결국 결혼하게 되었다. 그녀는 이상을 같이 논할 수 있는 남자를 연애의 대상으로 생각했지만, 마침내 생활의 안정을 위해 변호사인 김우영을 택한 것이 그녀의 삶을 전반적으로 고통으로 점철될 수밖에 없게 만들었다. 그녀의 본질적인 문예지향적 성품은 그녀의 불행을 더욱 재촉하게 되었다.

「경희」에서 당차게 내밀었던 여자도 사람이라는 인식은 그 16년 후, 김우영과의 이혼 몇 년 후에 발표한 「이혼고백장—청구 씨에게」에서도 지속되었다. 그녀는 김우영과의 결혼에서부터 이혼에 이르게 된 경위를 적나라하게 쓰면서 남성 중심의 조선 사회를 통렬히 비난하고 그 모순성을 여과 없이 드러냈다. 그러나 이처럼 전 과정을 낱낱이 대중 앞에 까발림으로써 남성 중심의 대중으로부터 비난의 화살을 쏟아지듯 받아내고, 노출증 환자라는 비아냥까지 들어야 했다.

조선 남성의 심사는 이상하외다. 자기는 정조 관념이 없으면서 처에게나 일반 여성에게 정조를 요구하고 또 남의 정조를 빼앗으려고 합니다. 서양이나 동경 사람쯤 하더라도 내가 정조관념이 없으면 남의 정조관념이 없는 것을 이해하고 존경합니다. 남의 정조를 유인하는 이상 그 정조를 고수하도록 애호해주는 것도 보통 인정이 아닌가. 종종 방종한 여성이 있다면 자기가 직접 쾌락을 맛보면서 간접으로 말살시키고 저작(咀嚼)시키는 일이 불소하외다. 이 어이한 미개명의 부도덕이냐.[24]

이혼에서 비롯된 조선 남성 전체에 대한 불신을, 조선 남성 전체에 공통되는 문제로서 고발하는 이 글은 매우 혁명적인 사고에서 발현된 것이다. 이러한 조선 남성의 가부장적 이중성은 결혼한 아내에게는 정조를, 밖의 여인에게는 연애를 요구하면서 모든 여성을 '인형', 즉 노리개로 인식하고 있다는 사실을 보여준다. 조선에서 결혼한 아내들은 '딸—아내—어

머니'라는 남성이 요구하는 역할 속에서 주체성 없는 '인형'
으로 살아가고 있다는 것이다.

> 내가 인형을 가지고 놀 때
>
> 기뻐하듯
>
> 아버지의 딸인 인형으로
>
> 남편의 아내 인형으로
>
> 그들을 기쁘게 하는
>
> 위안물 되도다
>
> (…중략…)
>
> 내게는 신성한 의무 있네
>
> 나를 사람으로 만드는
>
> 사명의 길을 밟아서
>
> 사람이 되고저[25]

그녀는 김우영과 '평등한 가정 만들기'를 원했다. 그리고
초기에 김우영은 매우 적절하게 그녀의 제안을 수용하는 편
이었다. 그러나 나혜석이 지적했듯, 김우영은 '취미가 없는'
무미건조한 사람이었던 것 같다. 열정적인 그녀가 불타는 사
랑이나 완전한 사랑을 꿈꾸는 것은 어쩌면 숙명인지도 모르
겠다. 그렇지만 파리에서 겪게 된 그녀의 위험한 사랑은 그

녀를 지옥으로 밀어 넣게 되고, 그녀는 모든 남자들을 불신하게 되었다. 그 불신은 김우영을 향한 「이혼고백장」과 최린에 대한 처권(妻權) 소송으로 나타났다.

나는 결코 내 남편을 속이고 다른 남자, 즉 C를 사랑하려고 하는 것은 아니었나이다. 오히려 남편에게 정이 더 두터워지리라고 믿었사외다. 구미 일반 남녀 부부 사이에 이러한 공공연한 비밀이 있는 것을 보고, 또 있는 것이 당연한 일이요, 중심되는 본부(本夫)나 본처(本妻)를 어찌하지 않는 범위 내의 행동은 죄도 아니요, 실수도 아니라 가장 진보된 사람에게 마땅히 있어야 할 감정이라고 생각합니다. 그러므로 이러한 사실을 판명할 때는 웃어두는 것이 수요, 일부러 이름을 지을 필요가 없는 것이외다.(…중략…) 그 동기는 얼마나 아름다웠던가. 도덕이 있고 법률이 있어 그의 양심을 속이지 아니하였는가. 원인과 결과가 따로따로 나지 아니하는가. 이 도덕과 법률로 하여 원통한 죽음이 오죽 많으며 원한을 품은 자가 얼마나 있을까.[26]

아아, 남성은 평시 무사할 때는 여성이 바치는 애정을 충분히 향락하면서 한 번 법률이라든가 체면이라는 형식적 속박을 받으면 작일(昨日)까지의 방자하고 향락하던 자기 몸을 돌이켜

금일(今日)의 군자가 되어 점잔을 빼는 비겁자요, 횡포자가 아

닌가. 우리 여성은 모두 일어나 남성을 저주하고자 하노라.[27]

나혜석은 1934년 8월부터 9월까지 『삼천리』에 「이혼 고백

장―청구 씨에게」를 발표하였다. 그리고 동년 9월 19일, 천도

교 신파 대도정 최린을 상대로 처권(妻權) 침해에 대한 위자료

청구 소송을 제기했다. 소완규 변호사를 소송대리인으로 삼

아 손해배상 12,000원을 경성지방법원 민사부에 제기하였다.

나중에는 소송취하조건으로 최린으로부터 수천 원을 받았다

고 한다. 위자료 청구소송의 주요 내용은 다음과 같다.

◆ 원고는 소화 2년(1927) 여름 예술증진을 목적으로 불란서

에 유학하기 위하여 남편인 김우영과 함께 구미만유의 길에

올라 동년 7월경부터 1년 반 파리에 체제 중에 남편인 김우영

은 법학연구를 목적하야 백림(伯林)에 2~3개월간 체류한 일이

있다. 원고는 파리에 계속 체재하며 미술을 연구 중 일불미술

전람회의 특별상까지 받게 되었다.

◆ 피고는 당시 천도교 도령(教主)으로 정치시찰을 하기 위하

여 세계를 만유중 마침 원고의 부부와 파리에서 만나게 되어

동포로서 쌍방의 정의는 전보다 더욱 깊어졌다.

◆ 김우영은 백림유학을 하기 위하야 독일에 여행 중 원고

나(羅)를 피고 최(崔)에게 부탁하여 원고는 피고를 유일의 보호자로 신용하고 매일과 같이 유람과 시찰을 하게 되었다.

◆ 피고는 원고의 유약한 것을 기화로 때때로 유혹적 추파를 보냈으나 피고는 처음부터 이에 쏠리지 않고 단지 유일의 선생으로, 유일의 지도자로 매일과 같이 날을 보냈다.

◆ 소화 3년 11월 20일에 원고는 피고에게 끌리어 오페라극을 구경하고 숙소인 '셀렉트호텔'에 돌아오자 피고 역시 원고를 미행해왔다.

◆ 피고는 비상히 흥분한 기분으로 원고에게 ××(섹스)를 요구하므로 원고는 이에 거절하였으나 피고는 자기의 지위와 명예로써 원고를 유인하고 원고에 대한 장래는 일체 인수하기로 굳게 약속할 뿐만 아니라 만약 피고의 명령에 복종치 않은 때에는 위험한 상태를 보일 기세이므로 원고는 부득이 ××(섹스)를 허락하고 이래 피고의 유혹에 끌리어 수십 회 정조를 ○○(유린)당하였다.

◆ 원고는 전기 행위가 남편인 김우영에게 발각되어 이혼요구를 당할 때에 원고는 타인의 유혹이라 할지라도 자기의 죄가 만 번 죽어도 부족하지 않으나 가련한 장래는 피고에게 의뢰할 수밖에 없다하여 피고에게 상의한 결과 이광수를 시켜 원고의 장래를 인수하기로 약속하고 또 김우영의 청구한 협의이혼에 응할 것을 전하기에 원고는 피고의 인격을 신뢰하고 김우영과 이혼하였다.

◆ 그 후 피고는 언제든지 원고의 생활비를 지급하기로 약속하고 수년간 말을 좌우로 중락하고 한 푼의 원조도 없는 고로 원고는 경제적 비상한 고통을 받아 현재는 전혀 비참한 생활을 하고 있다.

◆ 금년 4월경에 원고는 부득이 자기의 전도를 개척하려고 불란서 유학을 하기로 하야 피고에게 여행권과 보증인이 되어 달라고 하여 여비로 1천 원의 지급을 청구하였던바 피고는 의외에도 냉혹하게 이를 거절하였다.

◆ 피고는 원래 자기의 일시적 ○○을 만족시키기 위하야 유혹 수단을 써가지고 원고로 하야금 ××의 희생이 되게 하였다. 원고는 남편에게 이혼되고 사회로부터 배척되어 생활상 비상한 정신적 경제적 고통을 받아 이것이 원인으로 현재 극도의 신경쇠약이 들었는데도 불구하고 피고는 전혀 고의로 원고의 전부 김우영에 대한 처권(妻權)을 침해하여 원고로 하여금 일생에 대한 막대한 손해를 받게하였다.[28]

완벽하고 책임감 있는 남자와의 완전한 사랑을 꿈꾸었던 그녀의 끝없는 갈증은 남자에 대한 끝없는 좌절만을 확인할 뿐이었다. 최린. 그는 당대의 저명한 독립운동가요, 천도교의 수장이었다. 누구의 잘잘못을 떠나 같이 만들게 된 연애 사건에서, 여자는 이혼당하고 피폐한 삶을 사는데 원인을 제

공한 남자는 더욱 당당하게 잘 나가는 어이없는 현실 앞에서 나혜석은 절망하였다. 그녀가 절망을 극복하는 방법은 당당하게 사회에 이를 문제제기하는 것이었다. 자신의 불행이 사회 구조의 잘못이라 여겼기에 그녀는 떳떳하게 처권 소송을 제기하였던 것이다.

그러나 실질적인 이유 중 하나는 생활비였다. 나혜석은 자신이 번 돈 등을 모두 빼앗긴 채, 즉 결혼생활 동안 그림, 원고료 등으로 기여해 온 바를 전혀 인정받지 못하고 무일푼으로 쫓겨나듯 떠나오게 된 그녀가 가부장적 권력에 찌든 조선을 떠나 파리로 가고 싶어 최린에게 돈을 융통해 줄 것을 요청했으나 그가 거절함으로써 큰 배신감을 느끼고 소송의 명분을 찾게 된 것이었다. 최린에게서 합의금의 명목으로 몇천 원의 돈을 받게 된 나혜석은 자신의 "과거와 현재와 미래를 다 알고 있는 조선이 싫어"서 파리로 가려고 계획을 세웠다. 이때의 마음이 드러난 것이 「신생활에 들면서」이다. 그러나 무슨 연유에서인지 그녀는 파리로 떠나지 못했다.

한번 독신의 몸이 되어보라. 그 몸이 하늘에도 나를 것 같고 땅에도 구를 것 같으며 전후좌우가 탁 틔어 거칠 것이 없이 그 몸과 마음이 자유롭다. 이런 사람이야말로 그들의 못 하는 일, 그들의 못하는 생각을 해놓나니 역대의 위인, 걸사(傑士), 명작가들의 그 예가 많다. 그러므로 나는 종종 이런 말을 한다.

"K가 나를 활인(活人)했어. 내게는 더 없는 고마운 사람이야. 그가 나를 가정생활에서 떠나게 해 준 까닭에 제전(帝展)에 입선을 하게 되고 돌비(突飛)한 감상문을 수 편 쓰게 되었어. 나는 지금 죽어도 산 맛은 다 보았어. 나는 K를 조금도 원망치 않아, 오히려 고마운 은인으로 여겨진다."

이렇게 말하면서 불행에서 행복을 찾게 된다.[29]

나는 영혼의 매력이 깊은 것을 알았고 따라서 자기 자신의 인격적 우아로 색채가 풍부한 신생활을 창조해 낼 것이다. 사람 앞에 나갈지라도 형식과 습관과 속박을 버리고 존귀함으로써 공적 생활에 대할 것이다. 나는 남보다 말이 적을 것이다. 그러나 그 침묵과 미소는 말을 많이 하는 것보다 오히려 웅변일 것이지 아무리 외면은 흐르는 냇물과 같더라도 그 밑은 견고한 리듬으로 통일이 있을 것이다. 행복으로 빛날 때든지 치명을 받을 때든지 안정하든지 번민하든지 냉혹하든지 정열있든지 기쁘든지 울든지 어떤 환경에 있든지 나는 다수의 여자인 동시에 1인의 여자일 것이다.[30]

용납될 수 없는 치욕과 멍에가 될 수 있는 이혼을 통해 자신의 일에 몰입할 수 있는 환경이 만들어진 것이 과연 행복일까 불행일까. 위 인용문은 나혜석이 이를 긍정적으로 수용하려 애썼던 흔적이다. 그녀는 구조적 모순과 부패한 인습이 가득 찬 사회에서, 여자가 사람임을 인정하지 않는 사회에서 '인격적 우아'로 신생활을 창조해 낼 것임을 굳게 다짐한다.

이것은 나혜석 자신의 삶이 전 조선을 대표한 여성, 즉 다수의 여자인 동시에 1인의 여자이기 때문이다. 그녀의 사명감은 여성 모두에게 정조에 대한 열린 마음, 개방성을 강조하면서 여권운동의 자유론의 극단까지 치닫게 된다.

정조는 도덕도 법률도 아무것도 아니요, 오직 취미다. 밥 먹고 싶을 때 밥 먹고, 떡 먹고 싶을 때 떡 먹는 거와 같이 임의용지(任意用志)로 할 것이요, 결코 마음의 구속을 받을 것이 아니다.(…중략…)

왕왕 우리는 이 정조를 고수하기 위하여 나오는 웃음을 참고 끓는 피를 누르고 하고 싶은 말을 다 못한다. 이 어이한 모순이냐, 그러므로 우리 해방은 정조의 해방부터 할 것이니 좀더 정조가 극도로 문란해가지고 다시 정조를 고수하는 자가 있어야 한다.[31]

저 파리와 같이 정조가 문란한 곳에도 정조를 고수하는 남자 여자가 있나니 그들은 이것저것 다 맛보고 난 다음에 다시 뒷

걸음질치는 것이다. 우리도 이것저것 다 맛보아가지고 고정 (固定)해지는 위험성이 없고, 순서가 아닌가 한다.[32)]

나는 소위 정조를 고수한다는 것보다 재혼하기까지는 중심을 잃지 말자는 것이외다. 즉 내 마음 하나를 잊지 말자는 것이외다.(…중략…) 나는 처녀와 같고 과부와 같은 심리를 가질 때가 종종 있나이다. 그리고 독신자에게는 이러한 경구가 있는 것을 잊어서는 아니됩니다. "모든 사람에게 허락할까, 한 사람에게도 허락하지 말까."[33)]

여러 사람에게 허락하여 순간순간 쾌락으로 살아갈까, 혹은 한 사람에게도 허락치 말아 내 마음을 지키고 살까.[34)]

여러 사람에게 허락하든, 한 사람에게 허락하든, 정조에 관한 모든 권한은 오로지 나 자신에게 있기에 제도로 억압하거나 인습으로 억제할 성질의 것이 아니라는 점을 강조하는 이 경악할 수준의 논리. 그녀의 성적 자유에 관한 이상주의가 얼마나 당시 남성 중심 가부장제 사회의 공격을 거세게 받았을지는 가히 상상하고도 남음이 있다. 이러한 사상을 용납하기 어려운, 심지어 활자화되어 대중매체에 찍혀 나오는 것조차 불쾌감을 느끼는 사회였기에, 그녀는 언제든 희생의 단두

대에 설 수밖에 없는 선각자였던 것이다.

그러나 그녀가 이러한 극단적 성적 자유론을 설파하였음에도 불구하고 결국, 나혜석이 원했던 것은 영과 육이 하나가 된 참된 사랑이었다. 1937년 말에 이르면 나혜석은 영육이 합한 연애론으로 정조의 취미론을 넘어서게 되는데, 이것은 가부장제하의 보수적인 형상의 사랑이 아니라, 진정한 영혼과 육체의 완전한 합일의 사랑을 의미하는 것이었다.

영과 영이 부딪칠 때, 존경, 이해, 동정이 엉킬 때, 피는 지글지글 끓고, 살은 자릿자릿 뛰어 꼬집어 뜯고도 싶고, 물어뜯고도 싶고, 어루만지고도 싶고, 투덕투덕 두드리고도 싶어, 부지불각 중에 손이 가고 입이 가고 생리적 변동이 생기나니, 거기에는 아무 이유 없고 아무 타산 없이 영육이 일치되는 것이요, 하가(何暇)에 영육을 따로 생각하리이까? (…중략…) 위대한 예술가란 결코 영만 움직이는 것이 아니라 피까지 즐즐즐 끓고 살이 펄떡펄떡 뛰어 연인에게 부딪칠 때는 풀무간에 불꽃 일 듯 영과 육이 동시에 뛰나니 그러므로 예술가에게는 신로심불로(身老心不老)가 그의 생명이 되고 마는 것입니다.[35]

나혜석은 이 글에서 소년기에는 영만 꿈꾸어 연애할 수 있지만 원숙한 육체미를 가진 청년기나 중년기에 있어서는 영에서만 연애를 할 수 없다고 단언하였다. 영육을 구별한 사랑은 가장 불합리하고 부자연스러운 것이라는 주장이다. 나혜석은 다시금 영육일치의 참신하고도 완전한 사랑을 꿈꾸고 완성코자 했지만, 이후 새로운 연애를 시작하지도, 결혼하지도 않았다.

4 민족운동가로서의 삶

   나혜석이 파리에서 최린에게 그처럼 급격하게 빠지게 된 것은 그녀가 김우영과 함께 만주에서 살게 되면서 독립운동가들의 열정적인 활동을 접하고 나서 더욱 심화되었는지도 모르겠다. 3·1 운동 때 참여코저 모의했던 것이 발각 나 몇 개월간 옥살이를 하면서 겪게 되었던 독립에의 열망이 잠재되어있다가 이를 기회로 터져 나온 것이며, 최린과의 열애로 귀결된 것일 수 있을 것이다. '귀결'이라 한 것은 이후 그녀가 독립운동에 참여했다거나 이를 도왔다는 사실이 공식적으로는 드러나고 있지 않기 때문이다.

   앞에서 이야기했듯, 그녀는 당대 최고의 우국독립지사라 할 수 있는 최린에게서 존경과 사랑의 감정을 느꼈으나 그가 나중에 책임을 회피하고 결국 그녀로 하여금 처권 소송까지 제기하게 만들었기에 나혜석은 그 인물의 모순성에 극도로 혐오감을 가졌을 수도 있다. 그래서 이후 그녀는 완전히 개인적 삶 속으로 침잠하게 된 것으로 보인다.

그러나 생의 중반까지 나혜석은 민족의 독립운동에 참여하고 싶은 의지를 강하게 드러냈고 이를 실제로 행동에 옮기고자 하였었다.[36] 나혜석은 지난날을 회고하면서 "나는 18세 때부터 20년간을 두고 어지간히 남의 입에 오르내렸다. 즉, 우등 1등 졸업 사건, M과 연애 사건, 그와 사별 후 발광 사건, 다시 K와 연애 사건, 결혼 사건, 외교관 부인으로서의 활약 사건, 황옥(黃鈺) 사건, 구미 만유 사건, 이혼 사건, 이혼 고백장 발표 사건, 고소 사건, 이렇게 별별 것을 다 겪었다"고 하면서 「신생활에 들면서」에서 '황옥사건'을 언급한 바 있다. 이것은 남편 김우영이 해방 후에 쓴 회고록에서도 언급되고 있다.

나는 이런 사업에 힘쓰라고 젊은 청년들에게 별로 권하지도 아니하였고 이런 일들에 골똘한 청년들에게 이런 일을 그만두라고 말린 일도 없다. 그때 국경을 오고 감에 있어 우리 독립운동자들에게는 여간만 불편한 것이 아니었다. 나는 직접 간접으로 이런 동포들에게 커다란 편리를 마련해 주었다.

그리고 우리 집에는 이런 과객이 늘 있었다. 나는 그들의 이름을 낱낱이 외울 수는 없으나 (……) 황옥이라든지 김시현이라든지 이름 있는 분들은 그래도 잘 기억하였다.(……) 영사관에 붙어 있는 경찰 서장이 말하기를 마루야마(丸山) 경찰국장이 '이 문제에 대하여 당신을 위하여 매우 걱정한다'고까지 전하여 왔다.(……) 나는 황씨를 안 것이 경부로서 일 때문에 북경을 드나들면서 나를 찾아온 데 지나지 않는다고 말하였으며 (……) 그후에 들으니 검찰 당국이 나를 붙잡아 다 같은 범인으로 조사하자는 것을 마루야마 씨가 잘 그렇지 않은 변명을 하여 아무 탈 없이 되었다고 한다.[37]

'황옥경부폭탄사건'과 관련하여 나혜석과 김우영 부부는 곤욕을 치른 것 같다. 황옥경부폭탄사건은 1923년의 의열단 사건을 뜻한다. 의열단은 3·1 운동 이후 생긴 보다 강력한 항일투쟁을 위한 단체로서 김원봉을 중심으로 결성되었다. 무장투쟁을 표방하며 1919년 11월 10일 만주 길림지역에서 조직되었고, 후에는 상해를 중심으로 활동을 확대하였고, 조선 내부의 서울, 대구 등지에서도 무력항일투쟁을 벌였다.

이 조직의 목적은 조선총독부·동양척식주식회사와 조선총독·정무총감 등 식민통치기관 폭파와 식민통치요인암살을 통한 항일의식 고취에 있었다. 이들은 폭탄 투척 등 테러리즘을 행동 수단으로 표방하고 있었기에 당시 일제 당국도 매우 두려워하고 있었다. 의열단에서는 1923년 1월 신채호에 의해 기초된 「조선혁명선언」을 통해 독립운동방법에 있어

무장폭력투쟁의 정당성을 천명했다. 이들은 파괴와 암살을 위한 폭탄, 무기를 확보하고 이를 국내에 반입하는 데 주력하였다.

단장 김원봉은 1921년 6월경 북경에서 영국인 코브럴으로부터 폭탄의 제조방법을 배웠으며, 또 1922년 봄에는 헝가리인 마잘을 초빙하여 상해 프랑스 조계 내에 폭탄제조소를 설치하였다. 의열단이 사용한 투척·장치용 폭탄을 실험한 조선총독부의 조사에 따르면, 큰 건물이나 철교를 한 번에 폭파시킬 수 있을 만큼 커다란 위력을 지녔으며 특히 투척용 폭탄은 일본 육군이 사용하는 폭탄과 동일한 성능을 지니고 있었다고 한다.

'황옥경부폭탄사건'은 상해 지역을 중심으로 활동하고 있었던 의열단원들이 경기도 경찰부 소속의 조선인 경부 황옥과 손잡고 국내로 폭탄을 들여오다가 발각된 사건이다. 의열단은 상해의 비밀폭탄제조공장에서 다량의 폭탄을 만들어 신채호가 쓴 「조선혁명선언」과 「총독부 관리에게」라는 글과 함께 국내로 반입하여 1923년 5월 중순 전국적인 의거를 일으키려고 계획하고, 3월 12일 황옥, 김시현, 김재진, 권동산 등은 폭탄과 권총을 가지고 서울로 왔고 나머지 폭탄과 권총은 다른 데 보관하였는데, 김재진의 밀고로 그만 관련자 전원이 체포되고 만 사건이다. 매우 큰 사건이었음에도 불구하고 잡힌 단원들이 김우영과 나혜석의 이름을 말하지 않았고, 경찰국에 김우영을 걱정하는, 친분이 두터웠던 이가 있어 이들의 관련 사실은 덮어진 것으로 보인다.

나혜석 부부의 관련성은 공식기록상에는 나타나지 않으나 위의 회고나 당사자들의 증언 속에서 언급되고 있었다. 당시 의열단원들의 회고는 김우영과 나혜석이 얼마나 중국 내 독립운동의 활성화와 유지에 영향력을 행사하였나를 잘 보여준다. 김우영처럼 해방 후 반민특위에서 처벌을 받았던 일제의 핵심 친일 관리들도 실제로는 그 내부에서 상당히 성향을 달리한다는 점이 주목할 만하다.[38] 나혜석이 매우 존경하고 따랐던 작은 오빠 나경석[39]이 만주에서 초기 독립운동을 했었고 조선공산당의 전신인 한인사회당의 설립에 관여하였기에 나혜석은 이러한 영향권 안에서 있었던 것으로 생각된다.

중국 대륙으로 넘어가는 열차를 탔을 때 김우영 씨는 자신의 명함에 내가 북경대학 학생임을 증명하는 글을 적어주어 궐석재판에 유죄를 선고받아 수배 중이던 내가 일제 이동 경찰의 감시를 뚫고 국경을 넘을 수 있도록 배려를 아끼지 않았다.

그는 또 우리가 숨겨온 폭탄 가방을 그의 집에 숨겨두도록 하는 등 어떤 위험도 무릅쓰려 했다. 이처럼 그의 대외적 지위가 오히려 독립운동에 기여를 한 것이다.(…)

형을 살고 풀려났을 때 나혜석 씨가 찾아와 권총 두 자루를 전했다. 그 권총은 일경에 체포되기 전 내가 그의 집에 숨어 있으면서 갖고 있던 것이었다. 그 부부는 그 권총을 잊지 않고 잘 보관해 두었다가 내가 출소해서 전해줄 날을 기다렸던 것이다. 권총 두 자루가 뭐가 대단한 것이었겠는가마는 나는 바로 그들의 우의와 '민족 위한 정성'을 전해 받는 것 같아 그 감회를 아직도 잊지 못하고 있다.[40]

김우영의 부인 나혜석은 애국부인회의 김마리아와 친한 사이였는데 김마리아가 애국부인회사건으로 대구 일본감옥에 갇혀있을 때 나혜석이 대구로 찾아가 철장 밖에서 김마리아를 보고 뜻 깊고 감정 있는 「김마리아 방문기」를 써서 신문에 발표한 일이 있었다. 나도 그때 한성에서 그의 글을 보게 되어서 깊은 감동을 느꼈던 것이다. 그리고 나혜석은 남정각과 박기홍을 자기의 친형제와 같이 대접하고 또는 자기의 숙사에서 숙식을 같이하게 했었다.[41]

1923년 의열단 사건의 당사자로 체포되어 실형을 산 전 광복회장 유석현의 회고를 비롯하여 당대의 유명한 아나키스트 이론가 유자명의 수기에서 보여주는 것처럼, 나혜석은 자신의 외교관 부인이라는 지위를 이용하여 많은 독립운동가들을 도와주었다. 그중 중국 만주 지역에서 특히 의열단의 활동을 매우 적극적으로 지지했음을 알 수 있다.

정화암의 회고록에서도 이에 대한 증거를 찾을 수 있다.

그러나 국경을 통과할 일이 걱정이다. 안동현 부영사 김우영의 부인이 이자경의 친구이므로 압록강을 통과하는 것쯤은 무난하다고 이자경이 장담은 했지만 그래도 불안했다.

김우영의 부인은 나혜석이라는 여자였다. 이자경과는 일본에서 같이 지냈던 절친한 사이다. 여관에서 이자경이 나혜석에게 전화를 걸었다.

"구경차 이곳까지 왔는데 너한테 연락도 안 하고 가면 후일에 네가 나를 욕할 게 아니냐? 우리 일행을 데리고 그곳까지갈 수도 없으니 네가 잠깐 이곳으로 와달라."

고 하는 품이 정말 친한 것 같았다.

나혜석은 금시 달려왔다. 둘이는 정말로 반가워하면서 얼싸안고 기뻐했다. 나혜석은,

"여기에서 이럴 것이 아니라 우리 집으로 가자. 일행도 같이 가자."

고 했다. 일은 제대로 풀렸다.

우리는 압록강을 무사히 통과하게 되었다. 나혜석의 융숭한 대접도 받았다.[42]

정화암은 유자명과 마찬가지로 아나키즘 운동의 선봉에 서서 의열단 등의 무력혁명투쟁, 무력독립운동을 적극 지지하고 지원했던 혁명가였다. 이렇게 중국 내에서 활동한 독립운동가들의 회고에서뿐만 아니라 이를 소설로 형상화한 부분에서도 이에 관련한 증거가 나타나고 있다.

1947년 백양사에서 출판한 박태원의 실화소설 『약산과 의열단』을 살펴보면, 마찬가지로 나혜석이 그들의 의열적 행동에 상당히 공감하고 많은 지지를 보냈음을 알 수 있다. 그중의 하나가 투쟁의 강력한 수단이던 박기홍의 권총보관사건이다.

동지는 아니면서 의열단에 대하여 은근히 동정을 표하여 온 사람은, 그 수가 결코 적지 않다. 그 가운데 여류화가로 한때 이름이 높던 나혜석(羅惠錫)이 있다. 약산은 면식이 없었으나, 단원 박기홍(朴基弘)이 그를 잘 알고 있었던 것이다.

일찍이 박기홍은 처치하기에 곤란한 한 자루 단총을 그에게 맡겼던 적이 있다. 나혜석은 당시 안동현 부영사의 부인이었으므로 그의 집처럼 안전한 은닉장소도 드물 것이었다. 그로써 얼마 지나지 않아 박기홍은 계획한 일이 사전에 드러나, 왜적의 손에 검거되고, 이어 형을 받았다.

형기를 마치고 다시 세상구경을 하게 된 그는, 그 뒤 우연한 길에 나혜석을 찾았다. 그가 가장 뜻밖이었던 것은 이 여류화가가, 전에 맡겼던 그 위험하고 불온한 위탁물—단총을 그때까지 보관하였다가 도루 내어준 일이다. 나혜석은 의열단의 비칠을 위하여 이 사실을 자기 부군에게도 알리는 일 없이 밤마다 베고 자는 베갯속에 이를 간직하여 지내온 것이었다…….[43]

여러 증언들로 재구성해 보면, 나혜석이 남편 몰래 보관한 것은 아닌 것 같다. 남편의 동의를 얻어 관사에 여러 개의 권총을 보관했던 것으로 보이는데, 이 인용문에서 중요한 것은 김우영보다 나혜석의 민족독립운동의지를 당시 더 높이 평가하고 있었다는 점이다.

현재까지 그녀의 민족운동에 대한 평가는 그녀의 여성운동가로서의 강력한 자아 주창과는 비교할 수 없을 정도로 낮게 평가되어 있다. 말초적 관심을 지닌 여론몰이에 표피적으로 경도되는 우리의 대중적 문화의 품격을 그대로 드러내고 있는 것인지도 모른다.

나혜석은 3·1운동에 직접 동참하여 5개월 동안 옥고를 치렀다. 만주지역 안동 부영사관의 부인으로서 여자야학을 설립하고 의열단 활동을 측면에서 지원하는 등 항일운동에 적극 동참하였다. 아울러 잡지나 신문 등에 기고하는 등 저술 활동 역시 활발히 진행하면서 독립운동가로서의 면모를 지속해왔다. 그러나 이러한 계몽활동조차도 1920년대 중반을 넘어서면 상당히 약화되고 1930년대 후반 이후 더 이상 그녀의 민족독립을 위한 활동은 찾아볼 수 없게 되었다. 그녀의 가정생활과 개인사, 남성에 대한 근원적 회의가 가장 큰 영향을 미쳤을 것이라고 생각한다. 새로운 영육일치의 사랑을 이루기 위한 완전한 남성. 당시 식민지 조선 사회에서는 불가능했던 것일까. 그럼 그녀에게 진정한 위안이 된 것은 무엇이었을까.

봉건 잔재가 여전히 굳건하게 남아 있는 전근대적 사회이자 동시에 근대 입문 사회이기도 한 척박한 여권의 환경에서 열정적으로 자신의 생을 개척해나간 굳건한 여성. 식민지 조선에서 가장 당돌한 여성 나혜석. 그녀의 가장 치명적인 약점은 바로 어머니라는 것이었다. 사회가 보기에는 매우 '못(母)된 여성'으로서 '미달된 어머니', 즉 함량 부족의 어머니로 인식되었고, 그녀 역시 스스로 생득적 모성을 부정했지만 아이들을 키우면서 나혜석은 진정 자신이 '어머니'임을 자각하게 되었다.

나는 어느덧 네 아이의 어머니가 되고 말았사외다. 그러나 내가 애를 쓰고 아이를 배고, 아이를 낳고, 아이를 젖 먹여 기르는 것은 큰 사실이외다. 내가 「모(母)된 감상기(感想記)」중에 "자식의 의미는 단수에 있는 것이 아니라 복수에 있다"고 하였사외다. 과연 하나 기르고 둘 기르는 동안 지금까지의 애인에게서나 친구에게서 맛보지 못하는 애정을 느끼게 되었었나이다.[44]

그녀의 마지막 위로와 위안은 아이들과 그림이었다. 즉 모성애와 예술에 대한 열정이 그녀의 인생에 남겨진 가장 큰 자산이었던 것이다. 그러나 이혼으로 말미암아 그녀는 아이들과 분리되고 만다. 다시 재결합될 것으로 믿었던 그녀에게, 김우영은 거듭된 결혼과 이혼으로 그녀를 나락으로 밀어붙인다. 김우영은 그녀가 아이들 옆에 가까이 오지 못하도록 경찰까지 동원하였던 전력까지 있었던 것으로 기록되어진다. 그녀가 이혼 후에도 계속 김우영의 집 주변을 맴돌던 것은 뒤늦게 깨달은 모성애, 오직 사랑하는 아이들에 대한 사무치는 그리움 때문이었다.

5 어머니로서의 삶

'내가 사람의 '모(母)'가 될 자격이 있을까? 그러나 있기에 자식이 생기는 것이지' 하며 아무리 이리저리 있을 듯한 것을 끌어보니 생리상 구조의 자격 외에는 겸사가 아니라 정신상으로는 아무 자격도 없다고 하는 수밖에 없었었다.[45]

나혜석은 임신 중일 때 스스로에게 자격을 물었다. 어머니로서 자신이 과연 생물학적 자격 외에 무엇을 더 갖추었을까 자문하였다. 그만큼 그녀는 매우 섬세하고 겸손하며 자신의 인생을 구구절절이 아프게 생각하였다. 그 아픔은 출산의 고통 속에서 더욱 절실하게 드러났다. 1923년 1월 최남선이 주관하는 『동명』에 실린 「모(母)된 감상기(感想記)」를 보면 그러했다고 생각할 수 있다.

아프데 아파

참 아파요 진정

과연 아픕데

푹푹 쑤신다 할까

씨리씨리다 할까

딱딱 결린다 할까

쿡쿡 찌른다 할까

따끔따끔 꼬집는다 할까

찌르르 저리다 할까

깜짝깜짝 따갑다 할까

이렇게 아프다나 할까

아니라 이도 아니라

박박 뼈를 긁는 듯

좍좍 살을 찢는 듯

빠짝빠짝 힘줄을 옥죄는 듯

쪽쪽 핏줄을 뽑아내는 듯

살금살금 살점을 저미는 듯

오장이 뒤집혀 쏟아지는 듯

도끼로 머리를 바수는 듯

이렇게 아프다나 할까

아니라 이도 또한 아니라

조그맣고 샛노란 하늘은 흔들리고

높은 하늘은 낮아지며

낮은 땅 높아진다

벽도 없이 문도 없이

통하여 광야되고

그 안에 있는 물건

쌩쌩 돌아가는

어쩌면 있는 듯

어쩌면 없는 듯

어느덧 맴돌다가

갖은 빛 찬란하게

그리도 곱던 색에

매몰히 씌워주는

검은 장막 가리우니

이 내 작은 몸

공중에 떠 있는 듯

구석에 끼여 있는 듯

침상 아래 눌려 있는 듯

오그려졌다 펴졌다

땀 흘렸다 으스스 추웠다

그리도 괴롭던가!

그다지도 아프던가!

차라리

펄펄 뛰게 아프거나

쾅쾅 부딪게 아프거나

끔벅끔벅 기절하듯 아프거나

했으면

무어라 그다지

10분 간에 한번

5분 간에 한번

금새 목숨이 끊일 듯이나

그렇게 이상히 아프다가

흐리던 날 햇빛 나듯

반짝 정신 상쾌하며

언제나 아팠는 듯

무어라 그렇게

갖은 양념 가(加)하는지

맛있게도 아파야라

어머님 나 죽겠소,

여보 그대 나 살려주오

내 심히 애걸하니

옆에 팔짱끼고 섰던 부군

"참으시오" 하는 말에

"이놈아 듣기 싫다"

내 악 쓰고 통곡하니

이 내 몸 어이타가

이다지 되었던고.

－1921년 5월 8일 산욕(産褥) 중에서[46]

출산의 순간, 진통이 들이닥친 때를 표현한 나혜석의 글이다. 그녀의 고통스러운 목소리가 쨍쨍하게 바로 옆에서 들리는 듯 생생하다. 지금까지 이처럼 여성이 가진 출산의 고통을 그대로 진정성 있게 드러낸 글이 있었을까. 그 순간을 체험하지 않았던 사람들은 이것을 절대로 느낄 수 없을지도 모른다. 그래서 그녀는 말했다. "나는 이러한 첫 경험으로 인하여 태고부터 지금까지의 모든 모(母)가 불쌍한 줄을 알았다"는 것이다.

백여 년 전, 나혜석은 지금도 보편적으로 받아들여지는 모성이라는 인간 본능적, 본원적 감정에 대해 당당히 문제제기하였다. 자신은 모성이라는 관념, 본능에 대해 의심하게 된 것이다. 그렇다고 해서 그녀가 그 「모된 감상기」라는 글을 썼을 때, 아이를 제대로 돌보지 않았다거나 한 것은 아니었다. 다만, 여성을 둘러싼 모든 관념적 역사와 관습화된 사회구조에 반발한 것이다. 모성이 절대적인 것이라면, 어떻게 아들만 위하고 딸을 천시하는 관습이 사회적으로 이처럼 굳건하게 뿌리내릴 수 있냐는 의문은 당시의 인식을 근본적으로 흔들고 감히 부패한 이데올로기로 규정짓는 파격적인 논리였다. 결국, 모성은 육아의 구체적인 과정 속에서 자연스럽게 생기는 것이지 본능적으로 존재하는 것은 아니라는 것이다.

근 100여 년이 지난 지금도 모성 운운하며 어머니에게 모든 육아의 부담을 넘기는 한국 사회에서 그녀의 선언은 여전히 유효하다. 한국 사회는 현재도 여전히 은밀한 가부장사회이기 때문이다. 제도적으로는 평등을 포장하여 그 혜택은 노동하지 않으려는 여성에게 돌아가며, 보다 많은 일을 쟁취하며 자아 실현하려는 여자에게는 날이 가면 갈수록 죄어오는 여러 겹의 철사줄들을 장치해 놓았다. 그래서 슈퍼우먼이 되어야 하는 일하는 어머니에게 이 가부장 사회의 음험함은, 노골적인 형태의 가부장사회인 그 당시보다 더욱 퇴보한 사회라 칭할 만하다.

현대사회에서 공적 영역으로 나온 많은 어머니들에게 출산과 육아가 여성의 자기발전과 사회적 활동을 가로막는 현실 속에서, 그녀들이 태어날 아기를 참된 기쁨으로 맞이하지 못하는 자신에 대해 남모르게 죄책감을 느끼면서도 드러내 놓고 말하지 못하는 것이 현재 우리 사회의 현실이다.

본능적인 것으로 신비화된 모성에 대해 자기의 체험을 중요한 무기로 하여 과감히 부정하고 나서는 나혜석의 용기는 선구자적인 것이며, 시대적 분위기를 감안한다면 그 발언은 거의 혁명적이기까지 하다.[47]

혁명을 일으킨 나혜석의 용기. 그러나 그만큼 처절한 피해가 뒤따랐다.

그녀의 글이 발표된 직후 동일한 잡지 『동명』 2월호에는 백결생이 쓴 질타성의 반박문이 실린다. 그는 나혜석의 글이 "묵은 관념이 그릇된 줄도 알고 또 이것을 물리치려는 노력은 있지만, 그 묵은 관념을 벗어버린 후에 그 대신으로 얻어야만 할 새 관념이 없"다는 것을 맹공하였다. 「관념의 남루를 벗은 비애: 나혜석 여사의 「모된 감상기」를 보고,」[48]에서 나타난 그의 비판은 대략 세 가지로 요약될 수 있다.

첫째는 나혜석이 임신에 임하여 그 원인이 된 결혼을 되돌아보면서 형제와 남편을 원망한 대목에 대한 비판이다. 자유의지로 결혼하였다면 임신은 필연적으로 뒤따르는 것이 분명한데 남의 탓으로 돌리고 있다는 것이다. 즉 책임관념의 불철저성이라는 책임 회피형의 인간으로 나혜석을 매도하고 있다.

둘째는 나혜석이 자식을 모체의 살점을 떼어가는 악마라고 정의한 데 대한 비난이다. "임신이라는 것은 여성의 거룩

한 천직이니 여성의 존귀가 여기 있고, 여성이 인류에게 향하여 이행하는 최대 의무의 한 가지인 것을 자각하여야 할 것"이라고 비판했다. 나혜석이 모성의 신성한 의무를 악마와의 만남으로 매도하고 있다고 생각했던 것이다.

셋째, 부모들의 남존여비사상, 즉 아들은 귀히 여기고 딸은 천시하는 풍토를 그 부모가 나중에 효를 통해 보상받고자 하는 이기심이라고 몰아세운 것은 부모의 순수한 내리사랑에 대한 대단히 큰 모독이라고 맹렬히 질타하였다. 아울러 득남만을 선호하는 현상도 역시 대를 잇기 위한 본능적 현상이라며 가부장사회의 전통을 옹호하는 백결생의 변명이 뒤따랐다.

이에 대해 나혜석은 조목조목 따지면서 반박에 나선다. 1923년 3월 18일에 발표한 「백결생에게 답함」이라는 글이 그것이다.

씨가 내 감상기 중 "책임을 면하려는……" "자식이란 모체(母體)의……" "어머니의 사랑……" 몇 구절을 빗대놓고 "자각이 없느니, 예속이니, 구도덕을 배척하고 신도덕을……"하는 아는 대로의 숙어를 전개하여 반박의 중요점을 삼으려 하였다. 옳다. 씨의 반박의 중요 문구는 즉 내 감상기 전문(全文) 중 나의 제일 확실한 감정이었다. 제일 무책임한 말이었고 제일 유치한 말이었고 제일 거슬리는 말이었다. 그러나 이 몇 구절은 나의 제일 정직한 말이었고 제일 용감한 말이었다. 오냐, 이 언구(言句) 중에 당시 내 자신의 고통과 번민이 하정도(何程度)에 있었던 것이 백분지 일이라도 포함되었다 하면 내 감상기는 성공이었다. 이와 같이 내게 허위가 없었더니만치 내 양심이 결백하고 무조건이요 무책임인 순간적 직감을 쓰려는 것밖에 없었다. 다만 씨의 과민한 신경과 풍부한 학식과 고상한 사상이 남용된 것만 애석해하는 바이다.[49)]

그녀가 쓴 반박문에서 사실상 여성의 마음에 가장 절실히 와 닿을 수 있는 것은 그녀는 「모된 감상기」의 토로가 "제일 무책임한 말이었고 제일 유치한 말이었고 제일 거슬리는 말"이었지만 그것은 진정으로 그녀에게 "제일 정직한 말이었고 제일 용감한 말"이었으며, 이에는 절대로 "허위가 없었다"는 점이다. 그리고 가장 중요한 점은 이 글의 대상이 여성, 즉 '어머니'였다는 반박이다. 자신과 같은 경험을 가진 어머니들이 읽고 공감하기를 원하였고 같이 나누기를 원하였기 때문에 "독자 자신도 필자 자신과 거의 같은 경우로 거의 같은 감정을 경험치 못하고는 도저히 이해할 수 없는 불가사의한 것"이기에 백결생의 반박은 일고의 가치도 없다는 투였다. 결국 출산과 육아의 경험 그 어느 쪽도 공유하지 않은 남자들은 그녀의 글을 비판하거나, 심지어 읽을 자격도 없다는 의미인 것이다. 그녀의 이 담대한 솔직함, 자유스러움, 강건함, 그리고 그 순수함. 가부장사회에 대한 강한 도전은 이처럼 거침없었다.

하지만 사회는 그녀의 이러한 사상과 사회활동을 결코 좌시하지 않았다. 그녀가 여성으로서, 어머니로서 자신을 낱낱이 드러내던 혁명적 글쓰기는 그녀가 조선미술전람회에 작품을 출품하는 과정에서의 어려움을 토로할 때 다시 한 번 가부장적 사유를 지닌 남성의 비판적 맹공에 직면하게 된다.

나혜석은 1926년 제5회 조선미술전람회에 「지나정」과 「천후궁」을 출품했다. 이 중 「천후궁」이 특선을 차지했다. 「천후궁」은 정문인 원형문을 근경으로, 중문을 중경으로, 천후궁 본전을 원경으로 한 구성미가 돋보이는 작품이었다. 정적인 부드러운 분위기가 특색이다. 나혜석이 직후에 상세히 설명하고 있듯, 천후궁은 20세에 바다의 제물로 희생당한 낭자를 기리기 위한 궁전으로 그녀의 안둥현 집에서 30리 정도 떨어진 먼 곳에 위치해 있었다. 나혜석은 4일 동안 매일 그곳을 방문하여 오전의 광선 아래에서 연필로 사생을 한 후에 집에 돌아와 수정을 하였다. 천후궁을 오가면서 지나게 된 '지나가'를 스케치하게 된 것이 이 「천후궁」과 함께 출품한 「지나정」이었다. 적절한 구도를 잡아 며칠 동안 야외에서 그리는

데 장소가 마침 나무시장이 되어서 중국인 노동자들이 빙 둘러 그녀의 그림 그리는 모양을 구경하는 바람에 시야도 가리고 하여 상당히 애를 먹었다 한다.

건강도 안 좋았고 심적으로 예술적 발전이 더딘 것 같아 번민이 컸는데, 그런 와중에 애써 그린 작품이 특선을 하니 나혜석은 무척 기뻤다. 외교관의 아내로, 아이들의 어머니로, 가사를 돌보면서 기어코 만들어낸 '여가의 부업'은 그녀에게는 호사이기도 하였지만, 동시에 그녀의 삶을 숨 쉬게 해 주는 목숨줄이었다. 특선은 그 고충에 대한 보상이었을 법하다. 그런데 간신히 연명해 가던 그녀의 이러한 활동적 삶이 다시금 가부장 사회의 비난에 직면하게 되었던 것이다.

당시 특선에 오른 작가는 나혜석을 비롯해 노수현·이상범·이창현·손일봉·강신호·김복진·김진민·김진우 등이었다. 특선작가가 모두 23명이었는데, 조선인이 8명이었다. 특선 당선 후 그 제작과정에 대해 김복진과의 사이에서 논쟁이 불붙었다.

다다미 위에서 차게 군 까닭인지 자궁에 염증이 생(生)하여 허리가 끊어질 듯이 아프고 또한 매일 병원에 다니기에 이럭저럭 겨울이 다 지나고 봄이 돌아오도록 두어 장밖에 그리지를 못하였다.

더구나 내게는 근일 고통이 되다시피 그림에 대한 번민이 생겨서 화필을 들고 우두커니 앉았다가 그만두고 그만두고 한 때가 많다.[50]

제5회 미전의 경우, 그녀는 만주에서 생활하면서 출품을 포기하려고 하였으나 남편의 격려로 제작할 수가 있었다고 말했다. 가정의 생활을 소개하면서 자아 성취를 위해 일하는 어머니의 역할이 얼마나 힘든 것인가를 토로했다. 그러나 30호와 12호 크기의 캔버스 틀을 둘러메고 춥고도 바람 부는 날 30리 밖의 천후궁을 찾아가면서 기어이 그려낸 작품에 대한 평단의 평가는 이후 매섭고 냉혹했다. 여성의 자궁을 공론장에 드러낸 것이 수치심을 유발한 것으로 간주되어 비난을 받았는데, 그 당시는 그런 공격이 가능했던 시대였다.

신문에 자작의 변해를 길게 쓴다. 이만큼 작품에 자신이 적다는 것을 읽을 수 있는 것이다. 다 같은 여류화가로서는 백남순 씨보다 후중(後重)한 것은 보이나 박진력이 부족한 점에는 정(鼎)의 경중(輕重)을 알기 어렵다고 믿는다. 「지나정」에는 부족한 점도 또는 주문할 것도 없는 무난하다느니 보다는 무력한 작품이라고 할 수 있으며, 「천후궁」은 구상에 있어 여자답다고 안다. 초기의 자궁병이 만일 치통과 같이 고통이 있다 하

면 여자의 생명을 얼마나 많이 구할지 알 수 없다는 말을 들었
다. 신문을 보고 이 기억을 환기하고서 그래도 화필을 붙잡는
다는 데 있어 작화(作畵)상의 졸렬(拙劣)의 시비(是非)를 초월하
고 호의를 가지고 있다는 것만 말하여 둔다.[51]

김복진은 나혜석이 예술적 성취의 부족을 '여성'이라는 이
름으로 면피하려 한다고 생각했다. 특히 '자궁병'을 문제 삼
으면서 '여자답다'는 칭찬인지 비난인지 모를 평가를 내렸
다. 나혜석이 여성의 육체에 대한 금기를 깨고 손이나 눈이
아닌 자궁을 문제 삼은 데 대해 불쾌감을 드러낸 김복진은 자
궁병이 통증을 느끼지 못하는 병임에도 나혜석이 그 고통으
로 그림을 제대로 못 그렸다고 말하는 것은 거짓말이라고 하
였다.

여성들이 생리통을 겪는다는 것, 사람에 따라서는 기절할
정도의 극심한 통증이 올 수도 있다는 사실을 절대로 인정하
지 않고 또 인정하려 하지도 않았던 당대 남성들이 얼마나 이
기적이었고 폐쇄적이었는지 그 인식을 어느 정도 엿볼 수 있
게 한다. 이런 점에서 나혜석의 발언이 그 당시 얼마나 의미
가 있는 것인가는 새삼 다시 말할 필요도 없을 것이다. 여성
의 자궁이 달마다 커다란 아픔을 겪는다는 것을 공론화하여
드러낸 것은 지금 시각으로 본다면 얼마나 칭찬받을 일인가.

그러나 육체적 차이를 드러내려 했던 그녀는 처절한 비난에 직면했고 이로 인해 모든 여성들의 아픈 목소리는 다시 제도적 굴레 속으로 닫히게 되었다.

나혜석은 자식을 어미의 살점을 떼어가는 악마라 말했지만, 실제로는 자신의 일과 가정을 양립시키려 최대한 노력한 그 시대의 진정한 슈퍼우먼이었다. 하지만 가부장사회 자체가 여성의 제대로 된 사회적 일(직업)을 허용하지 않는 상황에서 개척자로서 그녀의 삶의 행로는 온갖 추잡한 모욕과 거센 비난 속에서 계속해서 비틀거릴 수밖에 없었다. 이혼은 그 결정체였다.

어머니로서 그녀는 이혼 후에도 아이들을 자주 찾아가며 가까이 지내고 싶었다. 키우면서 생기는 모성이 더 자연스러웠든지, 그녀가 아이들을 키우면서 본능적 모성을 더 크게 깨닫게 되었는지는 모를 일이다. 그러나 이 모성애가 이 천하의 신여성 나혜석을 이혼 이후 남은 생애 동안 자식에 대한 그리움에 사무치도록 고통스럽게 만든 것만은 사실이다.

기백만 인(人) 여성이 기천 년 전 옛날부터 자식을 낳아 길렀다. 이와 동시에 본능적으로 맹목적으로 육체와 영혼을 무조건으로 자식을 위하여 바쳐왔나이다. 이는 여성으로서 날 때부터 가지고 온 한 도덕이었고 한 의무이었고 이보다 이상되는 천직이 없었나이다. 그러므로 연인의 사랑, 친구의 사랑은 상대적이요, 보수(報酬)적이나, 어머니가 자식을 사랑하는 것만은 절대적이요, 무보수적이요, 희생적이외다. 그리하여 최고 존귀한 것은 모성애가 되고 말았사외다. 많은 여성은 자기가 가진 이 모성애로 인하여 얼마나 만족을 느꼈으며 행복스러웠는지 모릅니다. 그러나 때로는 이 모성애에 얽매여 하고 싶은 것을 하지 못하고 비참한 운명 속에서 울고 있는 여성도 불소하외다. 그러면 이 모성애는 여성에게 최고 행복인 동시에 최고 불행한 것이 되고 말았습니다. 여자가 자기 개성을 잊고 살 때, 모든 생활 보장을 남자에게 받을 때 무한히 편하였고 행복스러웠나이다마는, 여자도 인권을 주장하고 개성을 발휘하려고 하며, 남자만 믿고 있지 못할 생활전선에 나서게 된 금일에는 무한히 고통이요, 불행을 느낄 때도 있는 것이외다.[52]

과연 하나 기르고 둘 기르는 동안 지금까지의 애인에게서나 친구에게서 맛보지 못하는 애정을 느끼게 되었었나이다. 구미 만유하고 온 후로는 자식에게 대한 이상이 서 있게 되었었나이다. 아이들의 개성이 눈에 뜨이고 그들의 앞길을 지도할 자신이 생겼었나이다. 그리하여 나는 그들을 길러보려고 얼마나 애쓰고 굴복하고 사죄하고 화해를 요구하였는지 모릅니다. 그러나 모든 것이 무용지물이 되고 말았구려.[53]

생이별을 하여 남의 손에 기른다면 역시 남의 자식과 똑같은 관념이 생긴다. 그러면 자식은 반드시 낳아서 기르는 데 정이 들고 그 모성애의 맛을 보는 것이니 아무리 남이 길러줄 내 자식일지라도 장성한 뒤 만나게 된다면 깊은 정이 없이 섬섬섬 섬하고 서어하게 되나니 이렇게 되면 타인과 조금도 다름없이 이해타산으로 그 정을 계속하게 되는 것이다.

더구나 다대한 감정을 가지고 이혼을 한 두 사람 틈에 있는 자식이랴. 어렸을 때부터 귀에 젖게 출가한 생모의 과실을 어른에게 듣고 의아해하다가 그 생모를 만나 뒤에 융화성이란 좀처럼 생길 것이 아니다. 즉 삼종지도(三從之道)에 어렸을 때 사랑의 중심을 어머니와 아버지에게 두어야 할 아이들이 생활의 중심을 잃었고 동시에 마음의 중심도 잃은 것이라, 이러한 일종의 탈선적 습관이 생긴 아이에게 중간에 들여미는 모성애가 무슨 그다지 존귀함을 느끼랴. 다만 그 생모가 경제 능력이 커서 그것으로나 정복하면 모르거니와 그 아이의 머리에는 이해타산밖에 없을 것이다. 그리하여 결국 남편과 생이별을 하게 되면 법률상으로 그 자식들은 남편의 자식이 되는 것이요, 자식과도 역 타인이 되고 만다.(…중략…)

나는 이러한 것을 잘 알고 다 각오하였다. 그러므로 사람들이 내게 대하여,

"크면 어디 가오? 다 에미 찾는 법이지"

하면 코웃음이 난다. 에미는 찾아 무엇하고 자식은 찾아 무

엇할 것인가. 남은 문제는 내가 돈이 많아서 저희들에게 이롭게 해준다면 모르거니와 그렇지 않으면 영원히 남이 되고 마는 것이다. 다만 10삭간 뱃속에 넣고 고생했을 따름이나, 그도 과거가 되고 보니 한 경험담에 지나지 않는 것이다.

공상적으로 보이던 모든 것이 다 산 것이 되고 말았다. 향하는 하늘빛은 높고 푸르다. 그 지평선 흐린 곳에서나 광명과 희망을 부르짖게 된다. 가슴에 잔뜩 동경하는 내게는 너무 모르는 세계가 있다.[54]

초기의 모성애에 대한 부정은, 위의 인용문에서 보는 것처럼, 네 아이의 육아 과정에서 변화되었다. 그녀는 이혼의 과정에서 자신을 굽히면서까지 이혼을 막아보려 하였고, 이광수를 동원하여 그와 협상하려 하였으며, 이에는 시숙도 동원되었다. 더 이상 피할 수 없게 되자 이혼하는 와중에도 조건을 내세워 결혼생활을 유지시키려 하였다.

서약서

부(夫) ○○○과 처(妻) ○○○은 만 2개년 동안 재가(再嫁) 우(又)는 재취(再娶)를 않기로 하되 피차의 행동을 보아 복구할 수가 있기로 서약함.

우(右)　　부 ○○○ 인

처 ○○○ 인[55]

이혼을 재고하기 위해 노력한 그녀의 태도는 순전히 '모성애'에 진정으로 근거한 행동이었다. 그러나 아쉽게도 이 서약서를 받은 김우영은 약속을 어기고 먼저 이혼장을 제출해 버렸고 이미 동거 중이었던 기생 신정숙과 곧바로 결혼하고 말았다. 종국에는 신정숙과도 이혼 후 다시 처녀였던 양한나와 결혼하였다. 그의 인생에서 4번의 결혼 과정에 나혜석이 2번째였던 것이다.

김우영은 나중에 자신의 회고록 『회고』에서 나혜석과 신정숙을 언급하지 않았다. 나혜석은 김우영과의 사이에 아이들을 넷이나 낳고도 그에게서는 잊혀진 여자였고, 아이들에게는 잊혀져야 했던 어머니였던 것이다.

여자 이전에 인간이면서, 어머니 이전에 자신이길 원했던 그녀가 점차로 원하게 된 것은 결국 네 아이의 온전한 어머니이고 싶고, 영육일치의 완벽한 사랑 속의 여자이고 싶었던 것 같다.

6 인간, 그리고
여자 나혜석을 생각한다

나혜석은 1948년 12월 10일 아주 추운 날 저녁에 헌옷을 입고 아무런 소지품도 없이 52년 인생을 마감했다. 이 한 행려병자의 죽음을 대한민국 정부 공보처 발행의 관보(1949년 3월 14일자)에서 처음으로, 그러나 매우 뒤늦게 알렸다. 광고란에 '행려사망(行旅死亡)'이란 항목의 내용에는 본적과 주소 미상인채 나혜석의 죽음이 기록되어 있다. 그 인상으로는 신장 4척 5촌, 두발은 장(長)이고, 수족 정상, 구비안이 정상, 체격 보통, 기타 특징 무라 하였다. 착의는 고의(古衣)이고 소지품은 없으며 사인은 병사(病死), 사망장소 시립 자제원, 사망년월일 단기 4281년 12월 10일 하오 8시 30분, 취급자는 서울시 용산구청장 명완신이라 되어 있다.

길에서 죽음을 맞은 나혜석. 소지품 없는 그녀의 비루한 옷에서 누가 과연 당대를 풍미한 열정의 화신, 나혜석을 찾아낼 수 있었을까.

근래 여성들이 겪는 산후우울증의 고통, 그리고 슈퍼우먼 되기를 요구받는 가부장 사회에서 자아실현이 얼마나 어려운지를 처절히 깨닫고 있는 현대 여성들의 숨 가쁜 삶의 질곡조차 과거에 가뿐이 뛰어넘었던 나혜석. "처(妻)로, 모(母)로, 며느리로, 이 생활에서 저 생활로, 저 생활에서 이 생활로, 껑충껑충 뛰는 생활"을 하였던 그녀가 결국 끝내 좌절한 곳은 어머니와 아내라는 자리였다. 그리고 그녀는 다시 생의 최초, 사랑을 시작한 원자리로 돌아가고자 끊임없이 애썼다. 혹시 다시 사랑을 시작하고 결혼을 하고 아이들을 낳고 하는, 평등하고 완전하고 행복한 가족관계를 꿈꾸었던 것은 아닐까. 그러나 생은 되돌아갈 수 없는 것, 지나가면 그만인 것이다.

나혜석은 자신이 만나러 갔다가 돌아온 직후에 첫사랑 최승구가 24세의 나이로 사망하자 상당기간 정신적 고통을 극심하게 겪었다. 19세의 나혜석이 겪었던 당시의 고통은 시간이 지난 후, 즉 그녀의 이혼 후 다시 한 번 인생을 반추할 때 기억 속에서 나타난다.

벌써 옛날 내가 19세 되었을 때 일이외다. 약혼하였던 애인이 폐병으로 사거(死去)하였습니다. 그때 내 가슴의 상처는 심하여 일시 발광이 되었고 연(連)하여 정신쇠약이 만성에 달하였습니다.

1934년 『삼천리』에 발표한 「이혼고백장」에서 그의 죽음이 얼마나 자신에게 영향을 끼쳤었는지, 그 애정이 얼마나 절실하고 깊은 것이었는지를 나혜석은 담담히 서술하였다. 35세에 이혼 후, 39세에 되돌아보는 19세의 나혜석. 시간은 흘렀으나 그녀의 애정 역시 여자로서의 자신을 먼저 생각하는 듯하다.

일본 유학에 첫발을 내디뎠던 1913년의 나혜석이 당시 여성운동의 핵심매체인 『세이토』에서 많은 영향을 받은 것은 잘 알려져 있다. 1914년 그녀가 『학지광』에 발표한 근대적 여권론인 「이상적 부인」이라는 글이 그 영향을 설명하는데, 나혜석은 여기에서 일본에서 소개된 번역소설의 주인공인 '막다', '노라'와 '스토우' 부인 등을 말하고 천재적으로 이상을 삼은 '라이쵸' 여사, 원만한 가정의 이상을 가진 '요사노' 여사 등과 같은 표현을 통해 『세이토』 동인을 거론하며 자신의 이상을 제시한 바 있었다. 『세이토』의 창간에 시를 헌사한 요사노 아키코는 『명성』지의 발기인인 요사노 뎃칸이 남편이었고, 당시 예술계에는 정신적 이상론을 같이 한 예술적 동지들이 부부로 같이 활동하고 있었던 경우가 꽤 있었다고 한다.

이러한 부부들을 통해 나혜석은 천재로 촉망받던 문학가 최승구와의 연애를 통해 미래의 인생 동지로서 그를 기대하고 있지는 않았을까. 그리고 그러한 영과 육의 일치가 이상적 가정을 이루는 기초 토대였고, 그 위에 자신이 이상적 부인으로 설 수 있다는 자신감을 미리 얻은 것은 아니었을까 추측해 본다. 그런 그녀가 최승구를 잃었을 때 발광 상태에 이른 것은 그래서 어쩌면 당연한 일이었을 것이고, 그녀의 인생의 먹구름은 오히려 그때 예견된 것인지도 모르겠다.

나혜석은 첫 신혼여행지를 그녀의 죽은 첫 애인, 고흥에 있는 최승구의 무덤으로 선택하였다. 남편을 데리고 죽은 애인에게 인사드리러 가는 것을 시작으로 죽은 애인의 묘에 비석을 세우게 하는 나혜석의 결단은 그녀의 사랑이 사실은 이미 최승구의 죽음과 함께 끝났었다는 의미를 상징한다.

더구나 나혜석은 김우영과의 결혼조건에 '일생을 두고 지금과 같이 나만을 사랑해 주시오'라는 계약조건을 달았다. 사랑이 계약으로 묶일 수 있다고 생각한 나혜석은 얼마나 순진한 여자였던 것인가. 이러한 파격적인 행동에 더하여, 이혼하는 마당에 훗날 다시 합치는 조건으로 일단 이혼장에 도장을 찍어준다는 것이나, 그러기 위해 이혼 후 몇 년간 김우영이 재혼하지 않을 것을 서약받은 것은 여전히 나혜석의 주체성이라는 것이 실상은 허약한 사랑제일주의의 기반 위에 위험스럽게 서 있었다는 것을 보여주는 것이다.

그녀가 현실에서 인형의 집이라 여기며 비판했던 것을 실제로는 다시 돌아가려 했고 지키려 했다는 것. 아이를 출산하고 키우면서 처음에는 모성을 사회가 만든 이데올로기라 부정했지만 결국 모성이야말로 자신의 생의 축임을 뒤늦게 깨닫고 되찾길 원했다는 것. 결국 자신의 분열된 인식이 매우 허약하여 결코 제도를 넘어설 수 없다는 것을 뒤늦게 깨달은 나혜석의 절규는 그녀가 믿기 어려울 정도로 솔직하고 순진하며 무모했다는 것을 드러내 보여준다.

서양 사람의 스위트 홈이 결코 그 남편이나 아내의 힘으로만 된 것이 아니라 남녀 교제의 자유에 있습니다. 한 남편이나 한 아내가 날마다 조석으로 대면하니 싫증이 나기 쉽습니다. 그러기 전에 동부인을 해가지고 나가서 남편은 다른 집 아내, 아내는 다른 집 남편과 춤을 추든지 대화를 하든지 하면 기분이 새로워집니다. 그러기에 어느 좌석에 가든지 자기 부부끼리 춤을 추든지 대화를 하는 것은 실례가 되는 것입니다.

요즘 문제적인 세태 중의 하나인 스와핑을 연상시킬 만큼의 자유론이다. 지극히 보수적인 사회에서 이처럼 비도덕이라 할 만한 극단적인 주장을 하고 최린과의 연애사건에서의 책임을 두 남자에게 돌렸던 그녀의 자유분방함의 끝은 어디였을까. 이 시대 여성들의 아픔과 인간적 회의, 그리고 갈등 등을 백 년을 앞서 스스로 저지르고 이것을 받아주지 않는 제도와 관습을 통탄하며 여성의 인간적 삶, 평등한 환경과 자유로운 연애를 꿈꾸었던 여성, 나혜석.

그녀가 프랑스를 진보적인 문명으로 설정하고 서양문명을 무비판적으로 받아들이는 데 앞장서며 마지막까지도 자신 스스로를 이것을 실천한 선구자라는 인식과 틀 속에서 견고히 한 것은 탈식민주의적 시선에서는 다소 비판될 여지가 있다. 그러나 사적 영역을 공론장에서 논의하려 했던 소수자로서의 그 담대함, 그것이 실제로는 조선 사회 가부장제의 견고한 모순과 이중성을 타파하는 강력한 균열의 장치로 기능하였다는 점은 그녀 내부의 모순성을 충분히 상쇄하고도 남음이 있다.

나혜석의 삶은 지극히 나약한 인간의 삶이었다. 그녀는 주체적 여성의 권리와 당당한 삶을 외쳤지만, 실제로는 남편 김우영의 그늘에서 안온함을 맛보았던 때를 그리워했으며, 자식을 제대로 보지 못하고 문전박대당하는 잊혀진 어머니로서의 비애를 절절히 실감하며 죽어갔다. 이것은 그녀의 인간으로서의 삶이 사랑제일주의에 기반하고 있다는 점을 알려주는 것이며, 이러한 강한 여성도 사실은 영육 일치의 완벽한 사랑을 원하며 그것이 삐뚤어졌을 때 어떤 일탈들이 일어날 수 있다는 것을 나타내준다. 나혜석은 이를 선각자의 운명으로 받아들인다.

"청구씨여, 반드시 후회 있을 때 내 이름 한 번 불러주소. 사남매 아이들아, 에미를 원망치 말고 사회 제도와 도덕과 법률과 인습을 원망하라. 네 어미는 과도기에 선각자로 그 운명의 줄에 희생된 자이었더니라. 후일 외교관이 되어 파리 오거든 네 어미의 묘를 찾아 꽃 한 송이 꽂아다오."[56]

펄펄 날던 저 제비
참혹한 사람의 손에
두 쭉지 두 다리
모두 상하였네.
다시 살아나려고
발버둥치고 허덕이다
끝끝내 못 이기고
그만 척 늘어졌네.
그러나 모른다
제비에게는
아직 따뜻한 기운이 있고

숨쉬는 소리가 들린다

다시 중천에 떠오른

활력과 용기와

인내와 노력이

다시 있을지

뉘 능히 알 이가 있으랴[57]

그녀가 1929, 30년에 그린 것으로 추정되는 유화 「녹동 풍경」은 아마도 1930년 11월 20일 김우영이 이혼신고서를 제출하기 직전, 즉 그녀가 별거하면서 고민하였던 와중에 그린 것으로 생각된다. 녹동은 어디인가. 최승구가 묻힌 곳, 고흥군에 속한 교통의 요충지요, 관광지이다. 이혼을 목전에 두고 혹은 이혼 직후에 그녀가 다시 소월 최승구를 찾았던 이유는 무엇일까. 평생의 연인으로 가슴에 남겨두었던 사랑을 다시금 그리워하는 여인의 가냘픈 마음을 그동안 세상은 너무나 강한 여권론자로 기억하고 있었던 것은 아닐까.

최승구가 살아있었더라면 나혜석의 삶은 어떤 길을 갔을까.

그가 살아있었더라면 자신의 인생이 그토록 처참하게 무너지지는 않았을 것이라는 회한이 깊게 자리하였고, 나혜석에게 그 방문은 이를 다시 한 번 확인하는 자리였는지도 모

녹동 풍경

른다. 그리고 이것이야말로 진정한 사랑을 평생 찾아 헤맸던 나혜석이 끝내 불교에 귀의할 수 없었던 진정한 이유였는지 모른다. 결국, 그녀는 인간이기를 원하면서 동시에 여자이기를 원했던 것이다. 속세에서 완벽한 사랑을 갈망하고 그 완성을 꿈꾸던 나혜석의 희망사항. 일, 즉 예술에 대한 열정을 가지고 아이들을 진정으로 사랑했던 어머니. 현대 한국 사회를 살아가는 여성들의 마음속에는 지금도 그녀가 원했던 평등주의적 지향과 이상적 현실 추구와 완전한 사랑에 대한 열정이 그대로 복사(複寫)되고 있다.

정월씨여, 절망하는 현대 여성들에게 한 마디 해 주오.

아이들아, 원망스러운 사회 제도와 도덕과 법률과 인습 속에서도 네 에미는 너희를 희생시키지 않는 선각자로 살리라.

나혜석 연보

1896년(출생)

4월 18일 경기도 수원군 수원면 신풍리에서 아버지 나기정과 어머니 최시의 사이에서 5남매 중 넷째, 딸로서는 둘째로 출생하였다. 생일은 4월 28일로 알려져 있기도 하다. 진명여학교 학적부와 3·1 운동 조서에는 4월 18일로 기록되어있다. 증조부는 조선시대에 호조참판을 지냈으며, 부친 나기정은 시흥군수, 용인군수를 역임하기도 하였으며 1914년 군수에서 면직되었다. 구한말의 변화 과정에서 개화론에 적극적으로 순응한 근대 가정의 일원으로 오빠인 나홍석과 나경석이 나혜석보다 먼저 도일하여 유학하였다.

1906년(11세)

4월 수원에 있는 삼일여학교(현 매향여자경영정보고등학교)에 여동생 지석과 함께 입학하였다.

1910년(15세)

6월 삼일여학교를 졸업하고 9월 1일에 동생 지석과 함께 서울 진명여자고등보통학교에 입학하여 기숙사 생활을 시작하였다. 입학 무렵에 초명인 아기(兒只)를 명순(明順)으로 개명하였다. 학업성적이 우수하고 그림에 재능을 보이는 사실이 『대한매일신보』에 실리기도 하였다.

1913년(18세)

3월 28일 진명여자고등보통학교를 제1회로 졸업하였다. 졸업생은 동생 지석 등 모두 7명으로 그녀는 최우등생이었다. 졸업 무렵에 명순이라는 이름을 혜석으로 개명하였다. 이 이름은 1920년 5월에야 비로소 호적에 등재되었다. 유학 중이던 오빠가 보수적인 아버지 나기정을 설득함으로써 나혜석은 도일하여 동경사립여자미술학교 서양화과 선과(選科) 보통과에 입학하게 되었다. 이 학교는 4년제였으나 이후 5년제의 여자미술전문학교가 된다. 3학기제인 미술학교 수업일수 228일 중 6일을 결석했다. 성적은 평균 77점을 받았다. 수강과목별 점수는 수신 83점, 가사 56점, 국어(일본어) 76점, 영어 72점, 조화(造花) 85점, 실기과목인 목탄화와 유화는 합하여 평균 79점을 받았다.

1914년(19세)

1월에 학교 기숙사로 입사하였다. 『대한매일신보』에서는 4월 7일, 동경사립여자미술학교에 재학 중인 나혜석의 근황을 소개하였다. 미술학교 제2학년 성적은 가사 65점, 국어 49점, 영어 80점, 조화 81점 등 평균 70점을 받았다. 실기과목인 목탄화(82점)와 유화(86점)의 평균은 84점이었다. 학과와 실기과목을 합한 평균점수는 77점이었다. 여름에는 부친의 결혼 강요를 거부하고, 작은 오빠 나경석의 친구이자 게이오대학(慶應大學) 유학생인 소월 최승구와 사랑에 빠졌는데, 문학도인 그는 이미 결혼하여 고향에 아내가 있었다. 나혜석은 12월 동경유학생 동인지인 『학지광』 3호에 근대적 여권의 문제를 본격적으로 제기한 「이상적 부인」을 기고하였다. 재일조선유학생학우회가 동경에서 발행한 기관지에 실린 이 글은 여성의 교육문제를 중시하는 등 근대적인 여권론의 주요 문건으로 알려져 있다.

1915년(20세)

1월에는 아버지의 결혼 강요로 거의 강제적인 귀국을 하게 되었다. 결혼을 회피하기 위하여 삼일여학교 은사의 도움으로 여주공립보통학교 교사로 1년간 취직했다. 11월 15일, 동경사립여자미술학교로 복학했으나 학교에 다니지는 않았다. 12월 10일에는 결혼을 강요하던 아버지가 사망하였다.

1916년(21세)

4월 1일, 미술학교 서양화과 고등사범과 1학년에 복학했다. 성적은 국화(일본화) 260점, 용기화(用器畵) 130점, 윤리학 233점, 교육학 262점, 일본미술사 250점, 예용해부(藝用解剖) 246점으로 실기과목은 평균 85점을 받았다. 학과와 실기 평균점수는 81점이었다. 결핵으로 귀국하여 전남 고흥군수인 형 최승칠의 집에서 요양 중이던 연인 최승구를 문병했다. 나혜석이 다녀간 직후인 4월 23일 최승구가 사망하였다. 묘지는 전남 고흥군 남계리 오리정 공동묘지에 있다. 그의 사망 이후 나혜석은 한동안 비탄에 빠져 거의 발광 상태에 이르렀으나 여름방학 무렵 가까스로 안정을 찾게 되었다. 이후 춘원 이광수와 연인 관계라는 소문이 날 정도로 가깝게 지내게 되었으나, 오빠 나경석이 이광수와의 교제를 적극적으로 반대하였다. 여름에 나경석의 주선으로 청구 김우영(1886~1958)을 만나 가깝게 지내게 되었다. 김우영은 교토(京都)대학 법학부에 재학 중이었다. 경남 동래 출신인 그는 조혼한 부인과 사별한 몸으로 딸을 두고 있었다. 평생 4번 결혼한 김우영은 나혜석보다 10살 연상이었다.

1917년(22세)

미술전문학교 고등사범과 3학년에 재학했다. 성적은 수신 92점, 국어 79점, 교육 64점, 해부 92점, 미술사 94점, 미학 75점, 용기화 48점, 모필화 88점으로 평균 79점을 받았다. 실기과목은 연필화/수채화 88점, 목탄화/유화 84점, 인체 유화 92점을 받아 평균점수는 90점이었다. 나혜석은 나중에 회고에서 학과는 우등하지 못하였고 실기만 우등했다고 밝혔다. 3월에는 근대적 여권론인「잡감」을 『학지광』12호에 발표하였다. 이것은 여성도 사람이라는 여권을 주장한 서간문 형식의 글이다. 이때부터 필명으로 정월(晶月)이라는 호를 사용하였다. 6월 동경여자유학생친목회 기관지인 『여자계』창간호에 처녀소설 「부부」를 발표했다. 이는 근대문학 최초 여성소설로 한국문학사의 서장을 장식하는 획기적인 작품이나 현재까지 발굴되지 않았다. 7월에는『학지광』에 「잡감—K언니에게 여(與)함」을 발표하였다. 탐험하는 자가 없으면 그 길은 영원히 못 갈 것이라며 여성의 실천력을 강조한 내용이다. 여름, 김우영이 있는 교토에서 졸업작품으로 가모가와 풍경을 그리면서 그곳에 머물렀다. 10월, 동경여자유학생친목회 임시총회에서 총무로 선임되었다. 기관지『여자계』편집부원으로 선임되어 부장 김덕성, 부원 허영숙·황애시덕과 함께 활동했다.

1918년(23세)

이미 동경 여자유학생들의 모임 '조선여자친목회'를 조직하여 1918년 최초의 여성 전문잡지인 동인지 『여자계』를 창간하는 발판을 마련하였던 나혜석은 동경에서 발행된 『여자계』 2월호에 단편소설 「경희」를 발표하였고, 9월 3호에는 「회생한 손녀에게」를 발표하였다. 이 소설은 편지 형식으로 주체적인 인간으로서의 삶을 강조하면서 동시에 애국심을 주제로 삼아 계몽성을 강조하였다. 3월, 동경여자미술전문학교를 졸업하였다. 3월 9일에는 동경여자유학생친목회 주최 졸업생축하회에 참석하였다. 사회 김마리아, 기도 황에스더, 축사 현상윤·백남훈, 졸업생 답사는 나혜·김덕성·허영숙 등이 맡았다. 4월, 귀국한 직후부터 모교인 진명여자고등보통학교 교원으로 재직하였으나 8월경 건강상의 이유로 사직하고 집에서 정양하는 가운데 그림 그리기에만 열중하게 되었다.

1919년(24세)

1월 21일에서부터 2월 7일까지 『매일신보』에 '섣달대목'이라는 주제로 4회, '초하룻날'이라는 주제로 5회 등 모두 9점의 만평을 연재했다. 이는 귀국 후 화가로서 대중에게 자신의 존재를 드러내고 알리는 최초의 활동이었다. 여성의 가사노동을 주제로 하여 만평 형식의 그림과 짧은 글들이 첨부된 독특한 작품이다. 여성의 시각으로 그린 연말연시의 풍속이라는 점에서 최초 페미니스트 만평으로 평가된다. 3월 2일, 3·1 독립운동을 전국적으로 확산시키고자 계획을 세웠다. 박인덕, 신준려, 신마실라, 김활란, 황애시덕, 김마리아 등과 함께 이화학당 지하실에서 비밀회합을 갖고, 구체적인 실행 방안을 모색하였다. 독립운동의 민족적 봉기에 여성과 여학생들의 참여를 모색하였지만, 일제 군경에 체포되어 5개월 동안 옥중생활을 하였다. 8월 4일, 증거 불충분으로 경성지방법원의 '면소 및 방면' 결정으로 석방되었다. 김우영은 변호사 자격을 얻어 귀국하였으나 나혜석의 공판 날짜가 지나 변호할 기회를 놓쳤다. 출옥 후 정신여자고등보통학교 미술교사로 약 1년간 근무하였다. 11월, 고려화회(高麗畵會)가 설립되어 실기실이 운영됨에 따라 후학들을 지도하고, 이 협회는 1923년 고려미술회로 확대되었다. 12월 24일, 어머니 최시의가 사망했다.

1920년(25세)

3월, 김일엽 · 박인덕 · 김활란 등과 청탑회를 조직하고 매주 회합을 가지면서 잡지『신여자』를 창간했다. 김우영과의 약혼 시절 사랑의 일기를 공개한「4년전의 일기 중에서」를『신여자』4월호에 기고하였고, 동시에「김일엽 선생의 가정생활」이라는 만화 형식의 판화도 그 잡지에 발표하였다. 4월 10일, 서울 정동예배당에서 김필수 목사의 주례로, 오빠의 친구로서 동경유학시절부터 알고 지낸 김우영과 결혼하였다. 김우영은 3년 전에 상처하고 두 번째 결혼이었다. 신혼여행지로 첫사랑 최승구의 무덤에 갔다. 전남 고흥에 며칠 동안 머물면서 최승구의 무덤에 비석을 세웠다. 죽은 애인의 무덤으로 신혼여행을 간 사건은 장안의 화제로 당시 대단한 주목을 받았다. 7월, 문학동인지『폐허』의 창간동인으로 김억 · 남궁벽 · 염상섭 · 오상순 · 황석우 · 김일엽 등과 참여했다. 김억과 함께 창간호를 편집하였다. 9월, 최초의 노동운동단체인 조선노동공제회 기관지인『공제』창간호에 판화「조조(早朝)」를 발표하였다. 첫딸 나열의 임신으로 입덧이 심하자 정신여학교를 사직하고 단신으로 도일하여 2개월간 동경에 머물렀다.

1921년(26세)

3월 19~20일, 경성일보 후원으로 내청각 전시장에서 70여 점으로 첫 유화개인전을 개최하였다. 한국인으로서는 서울에서 처음으로 서양화전을 개최하였기에 신문들이 다투어 대서특필하였다. 이틀간 5천여 명에 달하는 관람객이 운집하는 성황을 거두었다. 임신 9개월의 만삭인 상태에서 치른 개인전에서, 20여 점은 고가로 팔렸고「신춘」은 거금인 350원에 팔렸다. 이보다 먼저 1916년에 김관호가 평양에서 개인전을 열었는데, 서울에서는 나혜석이 처음이며, 국내에서 여자로서는 최초였다. 직업적인 예술가로서 그녀의 등장이 한국사회의 발전상을 보여주는 증좌라고 한 급우생이『동아일보』3월 23일자「미술전람회 감상 소감」에서 밝히기도 했다. 4월 28일, 장녀 김나열을 서울에서 출산하였다. 9월, 남편 김우영이 외무성 외교관으로 만주 안동현(현 단둥) 부영사로 임명되어 부임하면서 그곳으로 이사하였다(부영사 임명 발표는 9월 22일).

1922년(27세)

3월, 안동현 태성의원 내에 여자야학을 설립하였다. 운영비 일체를 부담하면서 동시에 직접 교사로서 가르치기도 하였다. 현지 여성교육의 보급에 크게 힘썼다. 6월 1일부터 21일까지, 조선총독부에 의하여 연례 공모전인 조선미술전람회가 개최되었다. 나혜석은 이 해의 1회부터 11회까지 작품 총 18점을 출품하였다. 제1회전에 「봄이 오다」와 「농가」가 입선하였다. 조선총독 사이토는 이 전람회를 관람한 후 오세창 서예 작품과 나혜석 그림에 대해 관심을 가지고 근황을 물어보기도 하였다.

1923년(28세)

1월, 『동명』에 「모(母)된 감상기」를 발표했다. 임신에서 출산, 그리고 양육에 이르기까지 자신의 심리와 육체적 변화 등의 체험을 솔직하면서도 파격적으로 기술하고 있는 글이다. 백결생이라는 독자가 이에 대한 비판을 『동명』 2월호에 발표하였다. 이 「관념의 남루를 벗은 비애」라는 비판에 대해 나혜석은 『동명』 3월호에서 「백결생에게 답함」을 통해 반박하였다. 3월, 의열단사건, 일명 황옥사건에 연루되어 나혜석 부부는 곤욕을 치렀다. 5월, 제2회 조선미술전람회에서 「봉황성의 남문」이 4등, 「봉황산」이 입선을 하였다. 6월 21일, 평양 기생 강명화(康明花)가 갑부 아들과 사랑에 빠졌다가 결혼하지 못하고 자살한 사건을 접한 나혜석이 『동아일보』에 「강명화의 자살에 대하여」를 발표했다. 이 글을 통하여 나혜석은 남녀의 애정 문제에 대한 고루한 인습을 비판하는 동시에 자유연애의 타당성을 주장했다. 9월, 강진구, 김명화, 정규익, 박영래 등과 서울에서 〈고려미술협회〉를 발기하였다. 11월, 남녀평등문제를 다룬 「부처간의 문답」을 『신여성』에 발표하였다.

1924년(29세)

5월, 제3회 조선미술전람회에 「가을의 정원」이 4등으로, 「초하(初夏)의 오전」이 입선되었는데, 이 선전에서는 고려미술협회 동인들이 모두 입선하는 등 그 성과가 컸다. 7월에는 조선미술전람회 참석을 위하여 서울에 온 감상문인 「1년 만에 본 경성의 잡감」을 『개벽』에 발표하였는데, 여기에는 음악회, 미술전람회, 토월회의 연극 등을 보고 쓴 신랄한 비평들이 담겨 있다. 8월에는 『신여성』에 남녀평등문제를 제기한 「나를 잊지 않은 행복」을 발표하였다. 10월 20일, 신의주 제2기독청년회 주최의 가정문제 특별강연회에서 「생활개선에 관한 여자의 부르짖음」을 발표했다. 12월, 첫아들 선(宣)을 출산했다.

1925년(30세)

조선미술전람회 출품 마감을 앞두고 외교관 부인으로, 특히 두 아이의 어머니로서 가사에 분주하던 나혜석은 아이의 홍역으로 인해 작품을 제작하지 못하고 있다가 겨우 작품을 출품하였다. 중국인들이 명절 때마다 모여 제사를 지내는 장소를 그린 출품작 「낭랑묘(娘娘廟)」가 3등에 입선하고, 김복진은 이를 한국인 작품 중 수작이라고 칭찬하였다. 11월 26일, 막역한 친구인 여기자 최은희가 안둥 자택을 방문하여 작성한 기사 「여류화가 나혜석 여사 가정방문기」가 『조선일보』에 발표되었다. 나혜석은 이듬해 다롄과 베이징에서 전시회 개최를 계획 중임을 밝혔다.

1926년(31세)

육아경험을 바탕으로 한 체험기 「내가 어린애를 기른 경험」을 『조선일보』1월 3일자에 발표하면서 진취적인 육아법을 소개하였다. 『동아일보』에 7회에 걸쳐 「생활 개량에 대한 여자의 부르짖음」을 1월 24일부터 30일까지 게재하였다. 4월, 소설 「원한」을 『조선문단』에 게재하면서, 축첩제도와 여성의 희생문제를 신랄하게 비판하였다. 제5회 조선미술전람회에 출품한 「천후궁(天后宮)」이 특선을 하였으며, 「지나정(支那町)」은 입선하였다. 여류화가로서의 고충을 토로한 제작과정의 글에 김복진이 신랄한 비판을 가하여 다시 반박하는 등 논쟁하였다. 5월 18일, 자신의 화가로서의 입문 동기 등을 담은 「그림을 그리게 된 동기와 경력과 구심」을 『동아일보』에 게재하였다. 6월, 남편 김우영의 성격을 다룬 「내 남편은 이러하외다」를 『신여성』에 발표했다. 12월 19일, 둘째 아들 진(辰)을 출산했다.

1927년(32세)

봄에 만주 안둥현의 살림살이를 모두 정리하고 귀국하여 동래에 있는 시집으로 내려갔고, 남편의 만주 근무로 인해 포상 성격의 세계 여행을 준비하게 된다. 5월, 제6회 조선미술전람회에 「봄의 오후」를 출품하여 무감사로 입선하였다. 5월, 상경 중 제자 구본웅을 만났다. 그는 친구 이상을 동반하여 나혜석으로부터 향후 미술계 동향에 대한 의견을 들었다. 그녀는 구본웅에게 일본 유학을 권유하였다. 6월 19일, 조선총독부에서 부부 동반 세계일주 여행을 배려해주어 3남매를 동래 시댁에 맡기고 장도에 올랐다. 오전 11시 남편 김우영과 함께 부산역에서 만주 펑톈행 열차를 타고 시베리아 철도를 이용하여 약 21개월 동안 세계일주를 떠나게 되었다. 8개월간 파리에서 체류하면서 미술에 대한 견문을 넓히게 된다. 8월, 야수파 화가인 비시에르(Roger Bissier, 1888~1964)가 지도하는 아카데미 랑송에 다니면서 미술수업을 받았다. 이 시절에 「스페인 국경」, 「스페인 해수욕장」, 「무희」, 「파리 풍경」, 「나부」 등 많은 유화작품을 남기게 되었다. 남편 김우영은 법률 공부를 위해 베를린에 머물렀다. 이때 남편은 독립운동가로 명망이 높았던 최린에게 나혜석을 잠시 부탁하고 독일로 떠난 것이다. 그러나 나혜석은 최린과 함께 파리 시내를 관광하면서 가깝게 지내게 되고 11월 20일 파리 셀렉트호텔에서 최린과 육체관계를 갖는다. 파리 유학생 사회에서는 나혜석이 최린의 작은댁이라는 소문이 파다했다. 12월 20일, 나혜석은 남편이 있는 베를린으로 갔다가 이듬해 정초에 파리로 되돌아온다.

1928년(33세)

파리에 거주하면서 북미, 영구, 이탈리아, 스페인 등지를 여행하였고,

미술관과 박물관 등을 돌아다니면서 미술품을 취재하고 당대 사회구조에 대한 견학도 병행하였다. 나혜석은 본격적인 미술 수업을 받고자 파리에 남기를 원했으나 남편은 허락하지 않았다. 파리 체류를 위하여 당시 유학 중인 백남순에게 남편 설득을 부탁하고자 모임을 주선하기도 하였으나 끝내 파리 유학은 좌절되었다. 7월, 영국을 관광하고 영구 여성참정권운동에 참가했던 이에게 영어를 배우면서 여성참정권운동에 대해 관심을 가졌다. 9월 17일, 미국으로 떠나 김우영의 동경유학시절 가까이 지냈던 장덕수 등을 만났고, 9월 23일에는 뉴욕항에 도착해 장덕수의 안내로 김마리아와 서재필을 만났다. 12월 말, 남편 김우영은 뉴욕 재미한인회가 주최한 송년파티 석상에서 김용하로부터 친일파라는 이유로 테러를 당했다.

1929년(34세)

나이아가라 폭포·시카고·그랜드캐니언·로스앤젤레스·요세미티 등 각지를 여행한 후 2월 14일 샌프란시스코에서 태평양을 횡단하는 여객선을 타고 3월 12일 부산으로 돌아왔다. 3~6월 김우영은 변호사 개업을 위하여 서울에 머물고, 나혜석은 시댁인 동래에서 자녀들과 시간을 보내면서 6월 20일, 막내아들 건(健)을 출산했다. 9월 23일에서 24일, 수원 불교포교당에서 동아일보사 수원지국 주최와 중외일보사 수원지국 후원으로, 구미 여행 중에 그린 유화와 스케치로 귀국 개인전을 개최하였다. 전시 작품은 여행 중에 자신이 직접 그린 그림과 함께 구입한 명화 복제품 등이었다.

1930년(35세)

3월, 남편 김우영이 서울에서 변호사 생활을 시작하였다. 파리에서 있었던 최린과의 연애에 대한 소문이 사교계에 퍼져 나가면서 남편과의 사이가 극도로 악화되기 시작했다. 6월, 제9회 조선미술전람회에 파리에서 스케치했던 「화가촌」과 귀국하여 그린 「아이들」을 출품하여 입선하였다. 파리 화가촌의 풍경을 그린 작품과 딸 나열이 막내 건을 업은 모습을 그린 작품이었다. 9월, 「젊은 부부」를 『대조』에 발표하였다. 평범한 부부의 모습에 감동하면서 남녀가 서로 만나 사랑하는 것을 감동 있게 그렸다. 11월 20일, 김우영의 간통죄 협박에 의하여 결국 이혼장에 도장을 찍게 되었다. 그러나 이것은 당시 완전한 이혼이 아니었다. 별거 형식으로 2년간의 냉각기를 갖기로 합의하였고, 이 기간 동안 재가나 재취를 하지 않는다는 서약을 하였다. 그러나 김우영은 이를 어기고 기생 출신인 신정숙과 혼인 신고를 하고 같이 생활하였다.

1931년(36세)

김우영으로부터 위자료를 받지 못하고 한 푼도 없이 나왔기에, 생활이 매우 곤궁하여 떠돌이 생활을 하였다. 5월, 제10회 조선미술전람회에 「정원」으로 특선하고, 「작약」, 「나부」는 입선하였다. 「정원」은 2000년이나 된 파리의 크루니미술관 정원을 사실적으로 묘사한 작품인데, 이 작품에 대한 비판적인 글이 신문에 게재됨으로써 당시 이혼 이후 첫 작품 발표에 대한 사회의 시선이 곱지 않았음을 확인하게 된다. 나혜석은 나중에 『삼천리』 11월호에 제전 입선과 당시 자신의 심경을 토로하는 「나를 잊지 않는 행복」을 동경에서 기고하기도 하였다. 여름에는 금강산에서 작품 제작에 몰두하였다. 매일신보 사장을 지낸 아베 요시에와 박희도를 만나 이들과 함께 압록강 상류를 여행하였고, 이어 만주 펑텐에서 미술전람회를 개최하였다. 제12회 제국미술전람회에 출품하기 위하여 9월에 도일하였다. 조선미술전람회 특선작 「정원」과 「금강산 삼선암」을 출품하여 1,224점 가운데 「정원」이 입선작으로 채택되었다. 이 작품을 300원에 팔고 다른 작품들도 팔아서 1,400여 원의 수익을 올리면서 이혼 이후 이제 전업 화가로서 살아갈 수 있으리라는 자신감을 드러냈다.

1932년(37세)

『삼천리』 1월호에 「아아 자유의 파리가 그리워」를, 3월호와 4월호에는 「파리의 모델과 화가 생활」을 동경에서 기고하였다. 이혼 이후 식민지 조선의 가부장 사회가 보여 주는 제도적 도덕적 억압을 절감한 심경을 피력

했다. 봄에 동경에서 귀국하고 나서 잠시 중앙보육학교 미술교사로 근무하였다. 6월 제11회 조선미술전람회에 「소녀」, 「창가에서」, 「금강산 만상정」을 출품하였는데, 무감사로 입선하였다. 여름, 금강산 해금강에서 2개월간 머물며 제국미술원전람회에 출품할 수십 점을 제작하였으나 묵고 있던 집의 화재로 말미암아 대부분 소실되고 겨우 10여 점만을 건졌다. 이때 충격으로 병이 났고, 왼팔에 수전증이 생겼다. 9월에 『신동아』에는 「이혼1주년 — 양화가 나혜석 씨」라는 인터뷰 기사가 게재되었다. 나혜석이 이혼 이후 그림에 전력을 다하고 있는 근황을 소개하면서 조만간 전람회도 개최할 예정이라고 소개했다. 나혜석은 『삼천리』 12월호부터 1년 동안 지난 날 세계일주를 추억하며 기행문 형식으로 「구미 유기」를 연재하였다. 첫 작품은 「소비에트 러시아행」이다.

1933년(38세)

1월, 분주한 결혼생활을 회상한 「화가로서, 어머니로 — 나의 10년간 생활」을 『신동아』에 발표했다. 처음에는 한 남자의 부인, 어머니, 외교관 부인, 화가로서, 이제 독신생활인으로서의 자신의 삶을 되돌아보는 글이다. 2월 4일, 서울 종로구 수송동 146-15호에 '여자미술학사'라는 미술학원을 개설했다. 이때부터 생활 방편으로 주문에 의한 초상화를 제작하게 되었다. 2월 28일에 조선일보에 외로운 심경을 수필로 담은 「모델」을 발표하였고, 『신동아』 4월호에 「원망스러운 봄밤」, 10월호에 「연필로 쓴 편지」를 발표하였다. 특히 「원망스러운 봄밤」은 죽은 지 17년 된 첫사랑 최승구를 추모하는 글이며, 「연필로 쓴 편지」는 동경유학시절 일본인 화가 사토가 자기를 연모하여 일어났던 사건을 회상한 글이다. 5월, 『신가정』 잡지에 제12회 조선미술전람회에 작품 2점을 출품할 예정이라는 인터뷰가 소개되었으나 막상 입상자 명단에서는 제외되었다. 5월, 개성의 선죽교를 그렸다. 이것은 현존하는 「선죽교」라는 유화로 생각되는데, 최린에 대한 위자료 청구소송 때 변호사인 소완규에게 소송비용 대신 준 것으로 알려졌다. 『매일신보』 지면에 5월 16일부터 21일까지 조선미술전람회에 대한 평인 「미전의 인상」을 발표하였다.

1934년(39세)

이 해부터는 미술 활동보다는 집필 활동에 역점을 두었다. 글쓰기가 생활의 방편이 되었다. 1월 4일, 조선중앙일보사가 주최한 우스운 이야기 현상 공모에 「떡 먹은 이야기」가 입선하여 상금 2원을 받았다. 『삼천리』에 「구미 유기」 연재를 계속 집필해 나갔다. 9월에 실린 「태평양 건너서 고국으로」가 구미 유기 아홉 번째 글로 연재를 마감하였다. 『중앙』2월호에 「밤거리의 축하식─외국의 정월」을, 『중앙』3월호에 「구미 부인의 가정생활」을, 『중앙』5월호에 삼일여학교 시절 남학생인 첫사랑의 추억이 담긴 「날아간 청조」를 발표하였다. 『삼천리』7월호에 「여인독거기」를 발표하면서, 여자로서 혼자 살아가기 어려운 현실을 표현하였다. 『삼천리』8월호와 9월호에 「이혼 고백장」을 써서 이혼한 김우영 앞으로 보내는 모양을 취함으로써 세상을 놀라게 만들었다. 약혼 내력부터 10년간 부부생활, 모성애, 금욕생활, 조선사회의 인심 등에 이르는 내용을 매우 상세하게 기술하였다. 부부 관계 및 정조에 대한 남녀평등을 주장한 내용이어서 사회적으로 커다란 충격을 일으켰는데, 이 이전에는 이처럼 남녀 간 문제를 사실적이고 적나라하게 표현한 글이 없었기 때문에 그 반향이 더욱 컸던 것이다. 9월 19일, 천도교 신파 대도정 최린을 상대로 처권(妻權) 침해에 대한 위자료 청구 소송을 제기하였다. 경성지방법원 민사부에 제기한 이 소송의 대리인은 소완규 변호사이며 손해배상액은 12,000원에 이르렀는데, 결국 최린은 소송취하조건으로 수천 원을 주었다.

1935년(40세)

『삼천리』2월호에 「신생활에 들면서」를 발표하였다. "정조는 도덕도 법률도 아니고 오직 취미다"라는 파격적인 주장을 펼치면서 "사 남매 아이들아, 에미를 원망치 말고 사회제도와 도덕과 법률과 인습을 원망하라. 네 어미는 과도기의 선각자로 그 운명의 줄에 희생된 자이었더니라"라는 소신을 기록하였다. 3월호에는 시(詩) 「아껴 무엇하리 이 청춘을」을 발표하였고, 이 무렵 심신이 피로하여 고향인 서호 근처의 대장면 지리(池里)

557번지로 이사하여 정양하면서 그림을 그렸다. 8월 24일~25일, 충남 예산읍 공회당에서 수덕사 근방의 정경을 그린 40여 점의 그림으로 전람회를 개최했다. 『삼천리』10월호에 「독신여성의 정조론」을 발표하였다. 10월 24일에 생활비를 충당하기 위하여 서울 진고개에 위치한 조선관 전시장에서 근작 소품 200여 점으로 2주간 전시회를 열었지만 실패하고 말았다. 첫 개인전의 화려하던 각광과는 너무나 대조적이었다. 이 때문에 정신적으로 크게 좌절하게 되면서 대중 앞에 나서는 미술 활동에서는 거의 손을 떼게 된다. 첫 아들 선이 폐렴으로 열두 살에 사망하게 된다.

1936년(41세)

지난 날의 구미 여행담이자 간접적 여권론인 「영미 부인 참정권운동자 회견기」를 『삼천리』1월호에, 「런던 구세군 탁아소를 심방하고」, 「프랑스 가정은 얼마나 다를까」를 『삼천리』4월호에 발표하였다. 이때는 구미 여행을 회고하는 글쓰기를 주로 집필하게 되었다. 12월에 소설 「현숙」을 『삼천리』에 발표했다. 신여성 현숙을 내세워 인간의 이중성을 다루었다.

1937년(42세)

나혜석 생애의 좌절과 실의의 고백인 「애정에 우노라ー화필을 안고 산간 유곡 3년의 심회를 기한다」를 『삼천리』4월호에 발표했다. 하숙집 여자 주인이 딸을 시집보내려 하나 신식 공부한 딸이 어머니 말을 듣지 않아 일어나는 갈등을 그린 소설 「어머니와 딸」을 『삼천리』10월호에 발표하였다. 12월에는 모윤숙의 영적 연애관을 비판하며 진정한 연애는 영과 육이 일치해야 한다는 논조의 글 「영이냐, 육이냐, 영육이냐」를 『삼천리』에 발표했다. 시어머니가 사망했다는 소식을 듣고 동래로 달려갔지만 김우영의 저지로 상청에서 끌려 나오는 수모를 당했다. 시어머니는 "어미를 데려다가 아이들을 기르게 하라"는 유언을 남겼지만 김우영은 끝내 나혜석이 아이들 옆에 머무는 것을 반대하였고, 후일 1954년 7월 발간한 김우영 자신의 회고록인 『회고』에서는 나혜석의 이름조차 거론하지 않았다. 12월 김일엽이 비구니가 되어 수도승의 길을 걷고 있었던 예산 수덕사에 갔다. 출가할 의지가 없지는 않았으나 정식 출가를 하지는 않았다. 수덕사 아래 수덕여관에 장기 체류하면서 합천 해인사, 사천 다솔사, 공주 마곡사, 양산 통도사 등지의 사찰들을 순례하였다. 이를 그림으로 그려 일부를 판매하여 생활비로 충당하기도 하였다.

1938년(43세)

수덕사와 해인사를 오가며 집필하고 그림을 그리는 마지막 활동을 하게 된다. 『삼천리』 8월호에 발표한 「해인사 풍광」이 나혜석의 마지막 발표 글이다. 해인사를 떠나 수덕사 환희암에서 독서와 그림 그리기에 전력을 기울였다.

1939년(44세)

극도의 신경쇠약에다 뇌졸중으로 반신불수가 되었음에도 안정적으로 기거하지 못하고, 여기저기를 떠돌아다니는 삶이 계속되었다. 삭발은 하지 않았지만 승복 차림으로 생활하면서 서울은 물론 오빠 나경석의 집도 방문하였다.

1940년(45세)

1944년 1월 김우영은 신정숙과 이혼한 뒤 기독교여성운동가 양한나와 결혼하고는 이 해 9월, 조선총독부 참여관으로 승진하여 충남 산업부장으로 3년가량을 대전에서 근무하게 되었다. 이 무렵 나혜석은 자식들이 보고 싶어 대전을 자주 갔다. 학교 앞에서 기다리고 있다가 아이들을 만나려 했으나 오히려 아이들이 도망을 갔다. 김우영은 경찰을 동원하여 아이들과 만남을 원천적으로 차단하였다.

1943년(48세)

수덕사 만공 스님과 함께 서산군 부석면 간월암에 가서 복불원사에 거근 500원을 시주했다. 이 돈은 서산군수 박영준이 나혜석 작품 「독서」를 매입한 대금이다. 이 무렵 수덕여관을 나와 인근 사천리의 한 농가에 거

주하였다. 9월, 김우영은 조선총독부 농지개발영단 이사와 중추원 참의가
되어 상경하였다. 아이들이 보고 싶어 돈암동 집으로 찾아갔으나 문전박
대 당하였다.

1944년(49세)

여학교를 마치고 개성에서 교사 생활을 하는 딸 나열에게 얼마간 의탁
하기도 하고 아이들이 있는 서울에 자주 나타나면서 오빠 집에도 찾아갔
으나 쫓겨나기도 하였다. 오빠는 이전부터 여러 번에 걸쳐 동생에게 사
회적 물의를 일으키지 말고 몇 년 동안만이라도 참고 조용히 지낼 것을 권
고하였으나 나혜석이 이를 수용하지 않았기에, 동생에 대한 실망감이 커
서 나혜석을 냉대했던 것으로 보인다. 10월 21일 올케 배숙경에 의해 나
혜석은 서울 인왕산 밑에 있는 청운 양로원에 잠시 수용되었다. 입원할
당시 이름은 심영덕이었으나 이후 나고근으로 바뀐다. 양로원 생활을 견
디지 못하고 빠져나와 서울의 친지들을 찾아왔다 사라지는 행동을 반복
하였다.

1945년(50세)

일본에 살던 고암 이응로가 귀국하여 수덕여관을 인수했다. 나혜석은
수덕사 아래에 있는 인근 허름한 주막에서 주모생활을 했다.

1947년(52세)

안양의 경성보육원에서 기거하였으나 여기에서도 정착하지 못하고 다
시 떠난다. 이화여대 미술과 출신으로 후일 이응로의 부인이 된 박인경을
보육원의 자원봉사자로 만나, 집필 중이던 자서전 성격의 글에 대해 정서
를 부탁하기도 하였다.

1948년(53세)

12월 10일 서울 원효로 시립자제원에서 무연고의 행려병자로 사망하
였다. 헌 옷을 입고 있었고 소지품은 전혀 없었다. 당시 그녀를 화가 나혜

석으로 알아본 사람은 아무도 없었다. 그녀의 호적은 오빠 경석에게 입적되어 있다가 현재는 호주 상속한 나상균의 호적에 고모라는 이름으로 등재되어 있다. 흥미롭게도 사망신고가 이루어지지 않아 아직까지도 여전히 살아있는 것으로 되어 있다.

작품 목록

(이 목록은 이상경의 나혜석 평전 『나는 인간으로 살고 싶다―영원한 신여성 나혜석』 개정판에서 발췌함)

1. 저작

시·소설·희곡

「경희」, 『여자계』 2, 1918. 3.(소설)

「광(光)」, 『여자계』 2, 1918. 3.(시)

「회생한 손녀에게」, 『여자계』 3, 1918. 9.(소설)

「사(砂)」, 『폐허』 2, 1921. 4.(시)

「냇물」, 『폐허』 2, 1921. 4.(시)

「인형의 가(家)」, 『매일신보』, 1921. 4. 3.(시)

「규원(閨怨)」, 『신가정』 1, 1921. 7.(소설: 미완)

「원한(怨恨)」, 『조선문단』, 1926. 4.(소설)

「중국과 조선의 국경」, 『시대일보』, 1926. 6. 6.(시)

「아껴 무엇하리 청춘을」, 『삼천리』, 1935. 3.(시)

「파리의 그 여자」, 『삼천리』, 1935. 11.(희곡)

「현숙」, 『삼천리』, 1936. 12.(소설)

「어머니와 딸」, 『삼천리』, 1937. 10.(소설)

수필·시론·미술평론

「이상적 부인」, 『학지광』, 1914. 12.(시론)

「잡감」, 『학지광』, 1917. 3.(시론)

「잡감―K언니에게 여함」, 『학지광』, 1917. 7.(시론)

「4년 전 일기 중에서」, 『신여자』 4, 1920. 6.(수필)

「부인문제의 일단」, 『서광』, 1920. 7.(시론)

「회화와 조선여자」, 『동아일보』, 1921. 2. 26.(시론)

「양화 전람에 대하여—여류양화가 나혜석 여사담」, 『매일신보』, 1921. 3. 17.(시론)

「김원주 형의 의견에 대하여—부인의복 개량문제」, 『동아일보』, 1921. 9. 29.~10. 1.(시론)

「모(母)된 감상기」, 『동명』, 1923. 1. 1.~21.(수필)

「백결생에게 답함」, 『동명』, 1923. 3. 18.(시론)

「『부인』의 탄생을 축하하여—부인 각 개인의 완성 문제에 급(伋)함」, 『부인』, 1923. 4.(시론)

「강명화의 자살에 대하여」, 『동아일보』, 1923. 7. 8.(시론)

「부처간의 문답」, 『신여성』, 1923. 11.(수필)

「만주의 여름」, 『신여성』, 1924. 7.(수필)

「1년 만에 본 경성의 잡감」, 『개벽』, 1924. 7.(수필)

「나를 잊지 않는 행복」, 『신여성』, 1924. 8.(수필)

「내가 어린애 기른 경험」, 『조선일보』, 1926. 1. 3.(수필)

「생활 개량에 대한 여자의 부르짖음」, 『동아』, 1926. 1. 24.~30.(시론)

「미전 출품 제작 중에」, 『조선』, 1926. 5. 20.~23.(수필)

「내 남편은 이러하외다」, 『신여성』, 1926. 6.(수필)

「경성 온 감상의 일편」, 『동아』, 1927. 5. 27.(수필)

「예술가의 생활—부녀생활의 몇몇 가지」, 『청년』, 1927.(수필)

「애아 병간호—잡탄실」, 『삼천리』, 1930. 1.(수필)

「프랑스 가정은 얼마나 다를까」, 『동아일보』, 1930. 3. 28.~4. 2.(수필)

「구미 시찰기」, 『동아일보』, 1930. 4. 5.~10.(수필)

「끽연실」, 『삼천리』, 1930. 5.(수필)

「파리에서 본 것 느낀 것—사람이냐 학문이냐」, 『삼천리』, 1930. 6.~7.(수필)

「젊은 부부」, 『대조』, 1930. 9.(수필)

「나를 잊지 않는 행복—제전 입선 후 감상」, 『삼천리』, 1931. 11.(수필)

「아아 자유의 파리가 그리워—구미 만유하고 온 후의 나」, 『삼천리』, 1932. 1.(수필)

「파리의 모델과 화가생활」, 『삼천리』, 1932. 3.~4.(수필)

「조선미술전람회 서양화 총평」, 『삼천리』, 1932. 7. 1.(미술평론)

「화가로 어머니로―나의 10년간 생활」, 『신동아』, 1933. 1.(수필)

「백림(베를린)의 그 새벽―이역의 신년 새벽」, 『신가정』, 1933. 1.(수필)

「모델―여인일기」, 『조선』, 1933. 2. 28.(수필)

「원망스런 봄밤」, 『신동아』, 1933. 4.(수필)

「미전의 인상」, 『매일신보』, 1933. 5. 16.~21.(미술평론)

「파리의 어머니날」, 『신가정』, 1933. 5.(수필)

「연필로 쓴 편지」, 『신동아』, 1933. 10.(수필)

「떡 먹은 이야기」, 『조선중앙일보』, 1934. 1. 4.(콩트)

「밤거리의 축하식―외국의 정월」, 『중앙』, 1934. 2.(수필)

「다정하고 실질적인 프랑스 부인―구미 부인의 가정생활」, 『중앙』, 1934. 3.(수필)

「날아간 청조―연애와 결혼 문제」, 『중앙』, 1934. 5.(수필)

「여인 독거기」, 『삼천리』, 1934. 7.(수필)

「총석정 해변」, 『월간 매신』, 1934. 8.(수필)

「이혼 고백장―청구 씨에게」, 『삼천리』, 1934. 8.~9.(수필)

「이탈리아 미술관」, 『삼천리』, 1934. 11.(수필)

「이탈리아 미술 기행」, 『삼천리』, 1935. 2.(수필)

「신생활에 들면서」, 『삼천리』, 1935. 2.(수필)

「이성간의 우정론―아름다운 남매의 기」, 『삼천리』, 1935. 6.(수필)

「구미 여성을 보고 반도 여성에게」, 『삼천리』, 1935. 6.(시론)

「나의 여교원 시대」, 『삼천리』, 1935. 7.(수필)

「독신 여성의 정조론」, 『삼천리』, 1935. 10.(수필)

「영미 부인 참정권운동자 회견기」, 『삼천리』, 1936. 1.(수필)

「프랑스 가정은 얼마나 다를까」, 『삼천리』, 1936. 4.(수필)

「런던 구세군 탁아소를 방문하고」, 『삼천리』, 1936. 4.(수필)

「나의 도쿄여자미술학교 시대」, 『삼천리』, 1937. 5.(수필)

「영이냐, 육이냐, 영육이냐」, 『삼천리』, 1937. 12.(시론)

「해인사의 풍광」, 『삼천리』, 1938. 8.(수필)

구미 유기

「소비에트 러시아행」, 『삼천리』, 1932. 12.(구미 유기1)

「CCCP」, 『삼천리』, 1933. 2.(구미 유기2)

「베를린과 파리」, 『삼천리』, 1933. 3.(구미 유기3)

「꽃의 파리행」, 『삼천리』, 1933. 5.(구미 유기4)

「베를린에서 런던까지」, 『삼천리』, 1933. 9.(구미 유기5)

「서양 예술과 나체미」, 『삼천리』, 1933. 12.(구미 유기6)

「정열의 스페인행」, 『삼천리』, 1934. 5.(구미 유기7)

「파리에서 뉴욕으로」, 『삼천리』, 1934. 7.(구미 유기8)

「태평양 건너서 고국으로」, 『삼천리』, 1934. 9.(구미 유기9)

미발굴작

「애정에 우노라」, 『삼천리』, 1937. 4.

좌담 · 인터뷰 · 설문응답 · 편지

「나혜석 여사와의 화회」, 『매일신보』, 1921. 3. 17.(인터뷰)

「양화가 나혜석 여사―개인전람회를 개최」, 『동아일보』, 1921. 3. 18.(인터뷰)

「여류화가 나혜석 여사 가정 방문기―살림을 보살피면서 제작에 열심」, 『조선일보』, 1925. 11. 26.(인터뷰)

「여류예술가 나혜석 씨―그림을 그리게 된 동기와 경력과 구심」, 『동아일보』, 1926. 5. 18.(인터뷰)

「나혜석 여사 세계 만유」, 『조선일보』, 1927. 6. 21.(인터뷰)

「아우 추계(秋溪)에게―나혜석 씨 여중(旅中) 소식」, 『조선일보』, 1927. 7. 28.(편지)

「구미를 만유하고 온 여류화가 나혜석 씨와의 문답기」, 『별건곤』, 1929. 8.(인터뷰)

「문」, 『삼천리』, 1930. 5.(설문 응답)

「미전을 앞두고 아틀리에를 찾아서―나혜석 여사」, 『매일신보』, 1930. 5. 13.(인터뷰)

「만혼타개 좌담회」, 『삼천리』, 1930. 6.(좌담)

「우애결혼 시험결혼」, 『삼천리』, 1930. 6.(인터뷰)

「살림과 육아―그들의 취미」, 『매일신보』, 1930. 6. 6.(인터뷰)

「명류(名流) 부인과 산아제한」, 『삼천리』, 1930. 8.(설문응답)

「특선작 '정원'은 구주 여행의 산물―나혜석 여사와 그의 작품」, 『동아일보』, 1931. 6. 3.(인터뷰)

「앙데팡당식이다―혼미저조의 조선미술전람회를 비판함」, 『동광』, 1932. 7.(설문응답)

「이혼 1주년―양화가 나혜석 씨」, 『신동아』, 1932. 11.(인터뷰)

「화실의 개방―여자미술학사」, 『삼천리』, 1933. 3.(인터뷰)

「서화협전: 조선미전에 출품하는 여류화가들―서양화가 나혜석 씨」, 『신가정』, 1933. 5.(인터뷰)

「조선에 태어난 것이 행복한가 불행한가」, 『삼천리』, 1934. 5.(설문응답)

「내가 서울 여시장이 된다면」, 『삼천리』, 1934. 7.(설문응답)

「그 뒤에 이야기하는 제 여사의 이동 좌담회」, 『중앙』, 1935. 1.(좌담)

「나 여사의 서한」, 『삼천리』, 1935. 3.(편지)

2. 그림

판화·삽화·만평

「섣달대목·초하룻날」, 『매일신보』, 1919. 1. 21.~2. 7.(만평 9회)

「저것이 무엇인고」, 『신여자』 2, 1920. 4.(만화)

「김일엽 선생의 가정생활」, 『신여자』 4, 1920. 6.(만화 4컷)

「조조(早朝)」, 『공제』, 1920. 9.(목판화)

「인형의 가(家)」, 『매일신보』, 1921. 3. 2.~5.(연재희곡/삽화3회)

「개척자」, 『개벽』, 1921. 7.(목판화)

「견우화」, 『견우화』, 1923.(표지장정)
「이상을 지시하는 계명자」, 『계명』, 1932. 12.(삽화)

조선미술전람회 수상작

「봄」, 『선전도록』, 1922.(유화/제1회 입선)

「농가」, 『선전도록』, 1922.(유화/제1회 입선)

「봉황성의 남문」, 『선전도록』, 1923.(유화/제2회 4등)

「봉황산」, 『선전도록』, 1923.(유화/제2회 입선)

「추(秋)의 정(庭)」, 『선전도록』, 1924.(유화/제3회 4등)

「초하(初夏)의 오전」, 『선전도록』, 1924.(유화/제3회 입선)

「낭랑묘」, 『선전도록』, 1925.(유화/제4회 3등)

「지나정(支那町)」, 『선전도록』, 1926.(유화/제5회 입선)

「천후궁」, 『선전도록』, 1926.(유화/제5회 특선)

「봄의 오후」, 『선전도록』, 1927.(유화/제6회 무감사입선)

「화가촌」, 『선전도록』, 1930.(유화/제9회 입선)

「아이들」, 『선전도록』, 1930.(유화/제9회 입선)

「나부」, 『선전도록』, 1931.(유화/제10회 입선)

「작약」, 『선전도록』, 1931.(유화/제10회 입선)

「정원」, 『선전도록』, 1931.(유화/제10회 특선, 일본제국미술원전람회
입선)

「금강산 만상정」, 『선전도록』, 1932.(유화/제11회 무감사입선)

「소녀」, 『선전도록』, 1932.(유화/제11회 무감사입선)

「창가에서」, 『선전도록』, 1932.(유화/제11회 무감사입선)

그 외 현재 남아 있는 작품

「농촌 풍경」, 1920년 즈음(캔버스에 유채)

「만주 봉천 풍경」, 1923년(합판에 유채)

「김우영 초상」, 1927년 즈음(유화)

「나부 습작」, 1927년 즈음(유화)

「파리 풍경」, 1927, 28년(합판에 유채)

「무희」, 1927, 28년(캔버스에 유채)

「자화상」, 1928년(캔버스에 유채)

「스페인 국경」, 1928년(합판에 유채)

「스페인 해수욕장」, 1928년(캔버스에 유채)

「녹동 풍경」, 1929, 30년(유화)

「선죽교」, 1933년 즈음(합판에 유채)

「수원 서호」, 1934년 즈음(합판에 유채)

「화녕전 작약」, 1935년 즈음(합판에 유채)

「윤덕영 별장」, 1935년 즈음(합판에 유채)

「인천 풍경」, 1935년 즈음(합판에 유채)

「해인사 풍경」, 1938년 즈음(합판에 유채)

미주

1) 나혜석, 「모된 감상기」(『동명』, 1923. 1. 1~21.), 『나혜석 전집』, 이상경 편집교열, 태학사, 2000. 230~231쪽.(이하 나혜석 관련 작품은 이상경의 전집을 참고한다.)

2) 나혜석, 「신생활에 들면서」(『삼천리』, 1935. 2.), 『전집』, 438쪽.

3) 강태희, 「나혜석의 대중화된 이미지, 그 과거와 현재」, 『한국예술종합학교 논문집』, 2002. 12. 203쪽.

4) 한국인 최초의 서양화가인 고희동은 1910년 동경미술학교 서양화과에 입학하여 수학하다가 1915년에 귀국하여 국내에서 그의 작품을 발표하기 시작하였다. 그의 뒤를 이어 김관호, 김찬영, 그리고 나혜석의 등장이 있었다.

5) 이 작품은 'H.S. 生'이라는 필명으로 발표되었는데, 이상경은 전집에서 당시 『여자계』에 관여한 인물 중 이 필명을 사용할 만한 인물로 나혜석 외에 다른 사람을 생각하기 어려워 나혜석의 작품으로 간주한 바 있다.

6) 나혜석, 「파리의 모델과 화가생활」(『삼천리』, 1932. 3.), 『전집』, 326~327쪽.

7) 서정자, 「나혜석의 문학과 미술 이어 읽기」, 『나혜석, 한국 근대사를 거닐다』, 푸른사상, 2011. 231쪽.

8) 「화실의 개방―여자미술학사」(『삼천리』, 1933. 3.), 『전집』, 649쪽.

9) 1996년 서울국제판화비엔날레에서는 나혜석의 판화 「개척자」가 한국 창작판화의 효시로서 소개되었다.

10) 박영택, 「한국 근대미술사에서 나혜석의 위치」, 『나혜석, 한국 근대사를 거닐다』, 푸른사상, 2011. 33~34쪽.

11) 나혜석, 「1년만에 본 경성의 잡감」(『개벽』, 1924. 7.), 『전집』, 260쪽.

12) 나혜석, 「미전출품 제작 중에」(『조선일보』, 1926. 5. 20~23.), 『전집』, 283~284쪽.

13) 윤범모, 「나혜석의 조선미전 출품작 고찰」, 『나혜석, 한국 근대사를 거닐다』, 푸른사상, 2011. 101~102쪽.

14) 나혜석, 「이혼고백장」(『삼천리』, 1934. 8~9.), 『전집』, 405~406쪽.

15) 나혜석, 「이혼고백장」(『삼천리』, 1934. 8~9.), 『전집』, 406쪽.

16) 최혜실, 『신여성들은 무엇을 꿈꾸었는가』, 생각의 나무, 2000. 8쪽.

17) 『학지광』은 재일 조선유학생학우회가 동경에서 발행한 기관지이다. 1914년 4월 창간되어 1930년 4월에 종간된 잡지로 통권 29호가 발행되었다. 이 잡지는 유학생의 논문·기행·수필·시·한시·희곡·소설·학우회 기사 등을 게재한 종합 잡지로서 성격을 지녔다. 『학지광』은 격월간 형식을 띠고 있었으나, 실제로는 연 2·3·4회 발행되었다. 16년 동안 29호밖에 발행되지 못했으며, 3~4회 이상 발매금지 처분을 받았다. 1927년 7월 20호를 발행한 이후 1921년부터 매년 한 권씩 발행되었던 것으로 보이며, 1927년 3월 28호를 내고 한동안 휴간되었다가 1930년 4월 갱생호를 내고 마침내 종간되었다. 발행부수는 600~1,000부였고, 일본과 국내뿐만 아니라 미주지역에까지 배포되었다. 초기 투고방침은 "언론학술·문예·진담·기타"라고 하여 정치·시사 문제를 제외하였다. 이후 종교·전기(傳記)에 관한 투고를 받았다. 편집인은 신익희·장덕수·현상윤·최팔용·박승철 등이다. 『학지광』은 당시 지식인층의 사상적 동향을 파악하는데 중요한 자료로서의 가치를 지닌다.

18) 제3호에는 「회생한 손녀에게」를 발표함으로써 나혜석은 「경희」와 「회생한 손녀에게」를 통해 한국 근대여성문학의 첫머리를 화려하게 장식하게 되었다.

19) 나혜석, 「경희」(『여자계』, 1918. 3.), 『전집』, 103쪽.

20) 나혜석, 「경희」(『여자계』, 1918. 3.), 『전집』, 96쪽.

21) 나혜석, 「경희」(『여자계』, 1918. 3.), 『전집』, 102쪽.

22) 지석은 결혼 후 사립 영창학교 명예교사로 재직하는 한편 곽산야학교 교장과 현지 유치원에 대한 지원을 아끼지 않았다고 한다. 1920·30년대 정주지역의 문화계몽운동사에서 그녀의 역할은 매우 높이 평가되고 있다.

23) 소월 최승구(1892~1916)는 나혜석이 작은오빠 나경석의 친구로 만나

면서 연인관계로 급진전되었다. 최승구는 게이오대학에 수학중인 문학도였으나 이미 결혼하여 고향에 아내가 있었다. 최승구는 『학지광』 제3호에 「감정적 생활의 요구」와 「남조선의 신부」 등을 발표했다. 이 듬해에는 「벨지음의 용사」라는 시를 게재하는 등 다수의 시를 남겼다. 유학 중 폐결핵에 걸려 고향으로 돌아가 요양 중, 나혜석이 찾아왔다가 돌아간 다음 날 사망하였다. 1916년 요절한 그의 작품은 『최소월 작품집』에서 볼 수 있다.

24) 나혜석, 「이혼 고백장」(『삼천리』, 1934. 8~9.), 『전집』, 425쪽.

25) 나혜석, 「인형의 가(家)」(『매일신보』, 1921. 4. 3.), 『전집』, 113~114쪽.

26) 나혜석, 「이혼 고백장」(『삼천리』, 1934. 8~9.), 『전집』, 406쪽.

27) 나혜석, 「이혼 고백장」(『삼천리』, 1934. 8~9.), 『전집』, 408쪽.

28) 윤범모 외, 「나혜석, 한국 근대사를 거닐다」, 푸른사상, 2011. 544~545 쪽.

29) 나혜석, 「신생활에 들면서」(『삼천리』, 1935. 2.), 『전집』, 434~435쪽.

30) 나혜석, 「신생활에 들면서」(『삼천리』, 1935. 2.), 『전집』, 436쪽.

31) 나혜석, 「신생활에 들면서」(『삼천리』, 1935. 2.), 『전집』, 432~433쪽.

32) 나혜석, 「신생활에 들면서」(『삼천리』, 1935. 2.), 『전집』, 433쪽.

33) 나혜석, 「이혼 고백장」(『삼천리』, 1934. 8~9.), 『전집』, 421~422쪽.

34) 나혜석, 「신생활에 들면서」(『삼천리』, 1935. 2.), 『전집』, 431쪽.

35) 나혜석, 「영이냐, 육이냐, 영육이냐−영육이 합한 연애라야 한다. 모 윤숙 형의 연애관을 읽고 나서」, 『삼천리』, 1937. 12.

36) 아울러 나혜석은 안둥현에서 1922년 3월 여자야학을 개설하는 등 근 대교육 보급에도 앞장섰다.

37) 김우영, 『회고』, 79~81쪽.(이상경, 『나는 인간으로 살고 싶다−영원한 신여성 나혜석』, 한길사, 244쪽. 재인용)

38) 김우영은 나혜석과 구미 만유 중 미국에서 습격을 받은 일로 인하여 일제 관료 직위에 회의하여 변호사로 전직하게 된다. 그러나 생활 문 제로 인해 나중에는 다시 관료로 나서게 된다.

39) 나혜석의 작은 오빠 나경석은 향리에서 한학을 수학한 후 도일하여

동경 정칙영어학교에서 2년간 수학하였다. 구라마에고등공업학교(현 동경공과대학)에서 화공학을 전공하여 1914년 졸업한 후 이듬해부터 3년간 오사카에서 이주조선인 빈민구호와 노동운동 등을 지원했다. 1918년에 귀국하여 중앙중학교에서 물리교사로 재직하였다. 3·1운동 당시에는 독립선언서를 만주 길림 손정도 목사에게 전달하고 무기를 구입하여 귀국하다가 발각되어 3개월 처분을 받았다. 이후 일본 경찰의 요시찰 대상이 된 그는 블라디보스톡으로 망명하여 동아일보사 객원기자로 글을 발표하였다. 1923년 일본 제품을 배격하고 국산품을 장려하기 위한 조선물산장려회 이사로 선임되었다. 이듬해에는 만주 평톈에 농지개간사업을 위한 민천공사(民天公司), 1936년에는 고무공장을 경영하다가 1941년 귀국하였다. 만주지역에서 대종교 포교활동과 교민들의 지위 향상을 위한 활동 등 빈민구제사업도 병행했다. 저서로『공민문집』이 있다. 나경석은 나혜석의 일본 유학을 주선하는 한편 그녀에게 가장 커다란 영향을 끼친 인물이다.

40) 유석현, 「잊을 수 없는 사람들」, 『한국경제신문』, 1986. 11. 6.

41) 한국독립운동사연구소, 『유자명 수기, 한 혁명자의 회고록』, 126쪽.

42) 정화암, 『이 조국 어디로 갈 것인가』, 51쪽.(이상경, 『나는 인간으로 살고 싶다－영원한 신여성 나혜석』, 한길사, 2009. 246~247쪽. 재인용.)

43) 박태원, 「약산과 의열단」(백양당, 1947), 깊은샘, 2000. 203쪽.

44) 나혜석, 「이혼 고백장」(『삼천리』, 1934. 8~9.), 『전집』, 421쪽.

45) 나혜석, 「모된 감상기」(『동명』, 1923. 1. 1~21.), 『전집』, 224쪽.

46) 나혜석, 「모된 감상기」(『동명』, 1923. 1. 1~21.), 『전집』, 226~229쪽.

47) 이상경, 『나는 인간으로 살고 싶다－영원한 신여성 나혜석』, 한길사, 2009. 223쪽.

48) 『동명』, 1923. 2. 4.

49) 나혜석, 「백결생에게 답함」(『동명』, 1923. 3. 18.), 『전집』, 237쪽.

50) 나혜석, 「미전출품 제작 중에」(『조선일보』, 1926. 5. 20~23.), 『전집』, 283쪽.

51) 김복진, 「미전 제5회 단평」, 『개벽』, 1926. 6.

52) 나혜석, 「이혼 고백장」(『삼천리』, 1934. 8~9.), 『전집』, 421쪽.

53) 나혜석, 「이혼 고백장」(『삼천리』, 1934. 8~9.), 『전집』, 421쪽.

54) 나혜석, 「신생활에 들면서」(『삼천리』, 1935. 2.), 『전집』, 433~434쪽.

55) 나혜석, 「이혼 고백장」(『삼천리』, 1934. 8~9.), 『전집』, 413쪽.

56) 나혜석, 「독신여성의 정조론」(『삼천리』, 1935. 10.), 『전집』, 474쪽.

57) 나혜석, 「신생활에 들면서」(『삼천리』, 1935. 2.), 『전집』, 438~439쪽.

참고문헌

강태희, 「나혜석의 대중화된 이미지, 그 과거와 현재」, 『한국예술종합학교 논문집』 5, 2002. 12.

김복순, 「〈경희〉에 나타난 신여성 기획과 타자성」, 정월 나혜석 기념사업회, 『나혜석 바로 알기 제4회 심포지엄』, 2001.

김진·이연택, 「그땐 그길이 왜 그리 좁았던고」, 해누리기획, 2009.

김홍희, 「나혜석 미술작품에 나타난 양식의 변화—일본식 관학과 인상주의에서 프랑스 야수파 풍의 인상주의로」, 정월 나혜석 기념사업회, 『나혜석 바로알기 제2회 심포지엄』, 1999.

노영희, 「나혜석의 〈이상적 부인론〉과 일본의 신여성과의 관련성」, 정월 나혜석 기념사업회, 『나혜석 바로알기 제2회 심포지엄』, 1999.

서경석·우미영 편저, 『신여성 길 위에 서다』, 호미, 2007.

서동수, 『나혜석: 한국여성작가연구』, 한국학술정보, 2010.

서정자, 『(원본)정월 나혜석 전집』, 국학자료원, 2001.

소현숙, 「이혼사건을 통해 본 나혜석의 여성해방론」, 정월 나혜석 기념사업회, 『나혜석 바로알기 제5회 심포지엄』, 2002.

송명희, 「나혜석의 미술과 문학의 상호텍스트성」, 정월 나혜석 기념사업회, 『나혜석 바로알기 제13회 심포지엄』, 2010.

안숙원, 「나혜석 문학과 미술의 만남」, 정월 나혜석 기념사업회, 『나혜석 바로알기 제3회 심포지엄』, 2000.

염혜정, 「여성의 삶과 미술: 나혜석과 현대 여성작가 3인—나혜석·김원숙·정종미』, 창해, 2001.

유시현, 「나경석의 '생산증식'론과 물산장려운동」, 『역사문제연구』 2, 역사문제연구소, 1997.

유진월, 『한국희곡과 여성주의 비평』, 집문당, 1996.

유진월, 『불꽃의 여자 나혜석』, 평민사, 2003.

윤범모, 「나혜석 미술의 재검토」, 정월 나혜석 기념사업회, 『나혜석 바로알기 제1회 국제학술심포지엄』, 1999.

윤범모, 「나혜석 예술세계의 원형 탐구」, 『미술사논단』9, 한국미술연구소, 1999.

윤범모, 『(화가)나혜석』, 현암사, 2005.

윤범모, 『첫사랑 무덤으로 신혼여행을 가다, 화가 나혜석의 고백』, 다할미디어, 2007.

윤범모·박영택·서정자 외, 『나혜석, 한국근대사를 거닐다』, 푸른사상, 2011.

이구열, 『(나혜석 일대기)에미는 선각자였느니라』, 동화출판공사, 1974.

이남신, 「근대 여성화단의 형성과 실상에 관한 고찰(1910~1945)」, 숙명여대 석사학위논문, 1990.

이덕화, 「나혜석, '날몸'의 시학」, 정월 나혜석 기념사업회, 『나혜석 바로알기 제4회 심포지엄』, 2001.

이상경, 「한국여성문학론의 도입과 전개에 관한 연구」, 『여성문학연구』 창간호, 한국여성문학학회, 1999.

이상경, 『(개정판)나는 인간으로 살고 싶다─영원한 신여성 나혜석』, 한길사, 2009.

이상현, 『달뜨고 별지면 울고 싶어라: 나혜석의 사랑과 예술』, 국문, 1981.

이영미, 「중국 상해의 항일운동과 한국의 문학지식인」, 『평화학연구』13권 3호, 한국평화연구학회, 2012. 9.

이주향, 「생철학자로서의 나혜석: 생철학자 니체와 비교하여」, 정월 나혜석 기념사업회, 『나혜석 바로알기 제6회 심포지엄』, 2003.

이철, 「여성 화가 나혜석, 정조 유린 고발장을 던지다─나는 불륜이 아니라 취미로 즐겼을 뿐」, 『경성을 뒤흔든 11가지 연애사건─모던걸과 모던보이를 매혹시킨 치명적인 스캔들』, 다산초당, 2008.

이호숙, 「위악적 자기방어기제로서의 에로티즘─나혜석론」, 『페미니즘과 소설비평』, 한길사, 1995.

정규웅, 『나혜석 평전: 내무덤에 꽃 한 송이 꽂아주오』, 중앙M&B출판, 2003.

정금희, 『프리다 칼로와 나혜석 그리고 까미유 끌로델』, 재원, 2004.

최혜실, 『신여성들은 무엇을 꿈꾸었는가』, 생각의 나무, 2000.

최홍규, 「나혜석의 가족사와 민족의식」, 『한국근대정신사의 탐구』, 경인 문화사, 2005.

함규진, 「나혜석, 최린과 함께 파리를 거닐다」, 『역사를 바꾼 운명적 만남: 한국 편』, 미래인, 2010.

홍복선, 「한국 최초의 여류서양화가 나혜석 연구」, 이화여대 석사학위논 문, 1970.

페리타 인물평전 총서 003
못(母)된 감상기, 나혜석

발행일 2014년 4월 23일
저자 이영미
펴낸이 이정수
기획 신현규
책임 편집 최민서 · 신지항
펴낸곳 (주)북페리타
등록 315-2013-000034호
주소 서울시 강서구 양천로 551-24 한화비즈메트로 2차 807호
대표전화 02-332-3923
팩시밀리 02-332-3928
이메일 editor@bookpelita.com
값 5,000원
ISBN 979-11-950821-3-1 (04080)
        979-11-950821-0-0 (세트)

「이 도서의 국립중앙도서관 출판시도서목록(CIP)은 서지정보유통지원시스템 홈페이지
(http://seoji.nl.go.kr)와 국가자료공동목록시스템(http://www.nl.go.kr/kolisnet)에서 이용하실 수
있습니다.(CIP제어번호: CIP2014011730)」